EL NEGOCIO DE

EL NEGOCIO DE

Copyright © 2004 de Team

Todos los derechos reservados. Ninguna parte de este libro puede reproducirse o transmitirse de ninguna forma o medio, ya sea electrónico o mecánico, incluso fotocopias, grabaciones o cualquier sistema de almacenamiento o recuperación de información, sin el consentimiento escrito de Obstacles Press, Inc. Las consultas deben enviarse al editor.

Obstacles y el logo de Obstacles son marcas registradas de TEAM.

Octava edición, Septiembre de 2013
(Antes publicado con el título: Liderando la Rebelión del Consumidor)

Publicado por:

Obstacles Press, Inc.
4072 Market Place Dr.
Flint, MI 48507

www.business-membership.com
www.business-membership.ca

Diseño de la portada y distribución por Norm Williams
Ilustraciones cómicas por Sean Catron

Impreso en Estados Unidos de América

Dedicatoria

Dedicamos este libro a todos aquellos que tienen el coraje de perseguir sus sueños.

Ve, entonces, y haz aquello que está en ti hacer; no prestes atención a los gestos que te desvian del camino; no pidas permiso a nadie para actuar.

"La Historia Mágica"

Frederick Van Rensselaer Day

Contenidos

Prefacio a la Decima Sexta Edición 9

1. Negocio Propio:
   La Busqueda de Posibilidades 11

2. Cuatro Industrias: Desarrollo Personal,
   Negocios desde el Hogar, Entrenadores
   Personales y Construcción de Comunidades . . 27

3. Desarrollo Personal:
   Usted no sabe lo que no sabe 35

4. Redes: Utilizando los principios
   de franquicias y el poder de la
   Comercialización de persona a persona 45

5. Entrenador de Vida: Usted no se ve como
   usted se ve cuando se mira a si mismo 55

6. Construcción de Comunidades: Las tres C y
   el concepto de Conectividad 61

7. La Estrategia Maestra:
   Enfoque LIFE 71

8. Creando Volumen:
   Los clientes y las subscripciones 81

9. Concentrarse en el Éxito:
   La Revolución del Liderazgo 87

10. Nadar contra la Corriente:
    Soñar, Luchar, Victoria 101

11. Construyendo una Cultura:
    La Diferencia LIFE 111

12. Una Bifurcación en el Camino:
    El Negocio Propio 125

13. Visión para el Futuro:
    Corriente Principal 131

    Estudio Adicional 137

Fuentes 139

Prefacio a la Decima Sexta Edición

Tal vez usted está empezando en la vida y está haciendo todo lo que le han enseñado con el fin de tener éxito. Pero de vez en cuando uno se pregunta si podría haber una mejor manera.

Tal vez usted está bastante establecido. Usted tiene un trabajo cómodo, una hipoteca, un par de pagos del carro, y un poco de dinero guardado para su retiro. Pero de vez encuando, uno se pregunta si hay algo más.

Tal vez usted ha tenido problemas financieros por muchos años, y no importa lo que haga, parece como si usted no puede avanzar. Usted ahorra para un día lluvioso y luego se encuentra inundado. Usted no puede dejar de preguntarse si habra una mejor manera.

Tal vez usted tiene un corazón generoso para contribuir y servir a los demás. Usted ayuda en la iglesia, cuida de familiares, es voluntario donde sea necesario. Pero se pregunta si usted podría hacer un impacto aún más grande.

Tal vez usted ha tenido una buena profesion, formó una familia, y tiene numerosos logros en su nombre. Pero no ha terminado. Usted sabe que hay más que puede hacer. De vez en cuando uno se pregunta si hay algo más grande.

Estas escenas representan las personas que hemos conocido a lo largo de los años, personas que no se encuentran en un grupo socioeconómico, clasificado,, o demográfico. Ellos provienen de todo tipo de clases sociales, de todo tipo de profesiones u ocupaciones, , religiones y culturas. Pero comparten cuatro características. Estas personas son:

1. Ambiciosas
2. Estan Buscando
3. Son Enseñables y
4. Honestas

Es para estas personas que hemos escrito este pequeño libro. Esperamos que en las páginas que siguen encuentre lo que usted ha estado buscando.

Bienvenido a la vida que siempre has querido.

1
Negocio Propio
La Buscqueda de Posibilidades

Quiero vivir mientras estoy vivo" dice una canción pop. "Todos los hombres mueren, pero no todos viven realmente" dice William Wallace en la película *Corazón Valiente*. Estas frases encarnan el espíritu que todos hemos sentido algunas veces. Queremos vivir y experimentar las grandes maravillas de este mundo. Queremos salir y correr libremente.

En cambio, muchos de nosotros encontramos nuestras vidas llenas de restricciones con muy poco de lo que podríamos llamar vida. Nuestra carrera u ocupacion empezó con emoción pero de alguna manera se ha convertido en una rutina aburrida. Nuestros ingresos fueron satisfactorios alguna vez pero ahora se vuelven muy finitos. Nuestro tiempo de vacaciones parece cada vez más corto , menos y mas lejos. Cuando nos miramos en el espejo, esa persona de edad avanzada que vemos nos sorprende. Sabemos que el tiempo está pasando, sabemos que tenemos sueños y aspiraciones que todavia no hemos experimentado, y nos preguntamos si algún día llegaremos. Parece que la vida es mejor en abosorbernos que nosotros en vivirla.

Una de las mejores soluciones a estos dilemas es el concepto de tener tu propio negocio. Tener un negocio propio es visto por millones de personas como la oportunidad de tomar el control de su futuro financiero y construir algo de valor duradero. Es la puerta que se abre hacia las posibilidades.

Sentido de Propiedad

La idea de la tener sentido de propiedad no es algo nuevo, y hasta ha encontrado su camino en el mundo del empleo. El concepto de la opcion de compra de acciones reveluciono el mundo de los negocios y se ha vuelto común en las empresas importantes. La oportunidad de se dueño de acciones en una compañía le brinda un incentivo a los ejecutivos a trabajar por una "Accion" de la empresa, no sólo por un sueldo. Muchas veces, en las empresas exitosas y crecientes, el tener opción a ser dueño de acciones de la compañía deja mucho más que un salario de ejecutivo. En las empresas progresivas como Blockbuster Entertainment Corp, líderes como Wayne Huizenga obtuvieron compromisos masivos de los empleados a través del uso libre de acciones. El autor Gail DeGeorge dice: "Huizenga creia que para mantener a los ejecutivos trabajando para el beneficio de los accionistas tenía que hacerlos pensar como accionistas. Sin embargo, la diferencia es que mientras que muchas empresas reservan los paquetes con opción a obtener acciones sólo para los ejecutivos de alto rango, Huizenga cree en expander los incentivos de opción a obtener acciones desde arriba con los ejecutivos de alto rango a todos los empleados en todos nivel." Sam Walton de Wal-Mart tenía una filosofía similar. El decía: "Muchas empresas ofrecen algun tipo de participación en las ganancias pero no comparten absolutamente nada de sentido de sociedad con sus empleados. Cuanto más comparte las ganancias con sus asociados – ya sea en salarios, incentivos, bonificaciones o descuentos en la compra de acciones – mayores serán las ganancias para la compañía. Hoy, más del ochenta por ciento de nuestros asociados poseen acciones de Wal-Mart". Sin duda, este sentido de propiedad en estas dos compañías altamente exitosas, así como en miles de otras, ha ayudado a inspirar a los empleados a expander un sentido de propiedad.

Para muchos, el compartir la propiedad de una gran corporación es suficiente. Pero para muchos otros, existe un deseo de algo más.

Echemos un vistazo al típico arreglo corporativo. Un organigraml es un diagrama de cuadros que contienen las posiciones de los trabajadores y muestra su relación en la empresa.

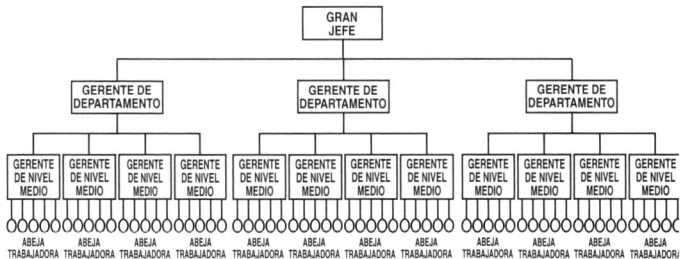

Generalmente, se muestra uno de esos cuadros cuando llega un nuevo jefe o gerente. Uno de sus primeros objetivos es organizar a su personal y asegurarse de que todos conozcan su posición y las líneas de autoridad. Usualmente, los gerentes o los trabajadores del "nivel" más bajo se muestran abajo, luego se muestran los de nivel medio, y los jefes o cabezas de departamento o CEOs se muestran arriba de todo. (Las compañías progresivas mostrarán un cuadro horizontal para que nadie aparezca abajo.) En las organizaciones más grandes como las automotrices donde trabajábamos, lacadena de comando era tan enorme ¡que había cuadros de organización dentro de los mismos cuadros! Esto permitía muchos pequeños pantanos dentro de un gran pantano.

Ahora, seamos claros. No hay nada malo con la estructura de las corporaciones y las empresas y la

En el corazón de millones de personas late el deseo de una cosa – ¡un sentido de propiedad!

distribución de los cuadros para explicarlas. De hecho, nuestra propia oficina administrativa está estructurada de esta manera. El punto es que vivir dentro de uno de estos cuadros no es aceptable para alguien que anhela algo más en su vida profesional. En el corazón de millones de personas late el deseo de una cosa – ¡el sentido de propiedad!

Esta necesidad de ser propietario y crear algo propio es natural. Es la misma esencia del espíritu emprendedor. Es lo que impulsó a hombres como Henry Ford, George Eastman, Thomas Edison, Andrew Carnegie, Billy Durant, Mary Kay Ash, Bill Gates, y Michael Dell a desarrollar las enormes compañías que conocemos hoy. ¿Dónde estaríamos sin el impulso y la creatividad de estas personas y de miles como ellos?

¿Dónde estaríamos si se hubieran decidido a obtener trabajos buenos y seguros mientras ignoraban los deseos de ambición que sentían en su interior?

Todas estas personas se hicieron muy ricas como resultado de sus esfuerzos, aunque la riqueza no fue la meta primordial de ninguno de ellos por mucho tiempo. En cambio, la riqueza se volvió la manera de saber cual era el marcador. De acuerdo a Maury Klein, profesora en la universidad de Rhode Island: "Para la mayoría de los grandes emprendedores el dinero fue un derivado de su interés genuinamente importante como recompensa personal y como una manera de saber el marcador – pero no la pasión impulsora detrás de su trabajo." Aún así, el autor Burke Hedges lo dice bien: "Entonces, ¿cuál es el secreto de los ricos? Puedo responder esa pregunta en dos palabras – son propietarios. Verá, entienden que cuando usted es el dueño de un negocio independiente, está construyendo un sueño, no el sueño de otro". Tal vez el billonario J. Paul Getty lo dijo mejor en su libro, *Cómo ser Rico*, escrito en 1961, "Casi sin excepción, sólo hay una manera de hacer una gran cantidad de

dinero en el mundo de los negocios
– y esa es, que sea tu propio negocio".

Allí está: el deseo de crear el sueño propio, de perseguir nuestra propia visión. En el corazón de ello, de eso se trata el tener un negocio propio. No la absurda persecusión de la riqueza por sí misma, sino la oportunidad de un logro no inhibido por las estructuras corporativas y los estatutos de gerencia que dirigen sus esfuerzos hacia sus objetivos en lugar de los propios.

Llevar baldes contra Construir Cañerías

IEn su libro clave, el *Cuadrante del Flujo de Dinero*®, Robert Kiyosaki introduce un concepto del mismo nombre que mostramos a continuación.

Reimpreso con el permiso de: CASHFLOW Quadrant® 1998, 1999 por Robert T. Kiyosaki y Sharon L. Lechter. CASHFLOW® y el CASHFLOW Quadrant® son marcas registradas de CASHFLOW® Technologies, Inc. Todos los derechos reservados.

De forma muy sucinta, el diagrama de Kiyosaki explica las cuatro maneras principales de hacer dinero en la economía de hoy.

La "E" significa Empleado; después de la universidad, allí es donde hicimos nuesto comienzo. De hecho, este el cuadrante más grande y más poblado. Millones viven cada día y proporcionan un sosten para la familia como empleados de alguien. La premisa básica es que alguien intercambia el desempeño de una tarea por un monto acordado. Esto puede ocurrir de diversas maneras: un salario diario o una comisión. (Estas pueden ocurrir en combinaciones.) La "paga por hora" es la situación en la que el empleador acuerda pagar un tanto por hora por una tarea dada; la manera para que el empleado gane más es que trabaje más. Las horas extra son una cultura dentro de sí misma, y muchas industrias desarrollan muchas personas que se acostumbran a las horas más largas y a la paga de tiempo y medio. Cuando los tiempos cambian, estas personas se quedan ajustándose los cinturones y vendiendo sus motocicletas. El "Salario" es cuando el empleador acuerda pagar un monto anual de compensación y luego intenta meter tanto trabajo en el año del empleado como sea posible. Esto se conoce en la industria como "horas extras casuales". La "comisión" es la paga sólo en base al desempeño.

 Entonces, en resumen, el arreglo en el cuadrante "E" es que un empleado cambie horas por una paga, asi de simple. La educación universitaria o la capacitación vocacional o un estatus de jornalero puede elevar el monto de la compensación, pero el desafío en este cuadrante es que eventualmente el trabajador simplemente no tiene más horas para cambiar por una paga. Eventualmente este arreglo se agota. Seguro existen aumentos a lo largo de los años, pero después de un tiempo el estilo de vida global es bastante consistente. Incidentalmente, fue darnos cuenta de ese punto exactamente lo que nos condujo a buscar una algo mejor. No podíamos soportar el pensar en otros 38 años para retirarnos al mismo nivel de vida que ya estábamos experimentando. Vimos gente en nuestra profesión que era muy buena en su trabajo, gente que estaba 10 años más adelante que nosotros, y era muy obvio que continuar en el cuadrante "E" no produce ningún aumento significativo para un mejor estilo de vida.

El cuadrante "A" representa al "auto-empleado." Siempre hemos admirado a aquellos que viven la vida en esta columna porque generalmente están acompañados de algún grado de riesgo y un nivel serio de competencia. Los auto-empleados operan solos, usando sus talentos y capacitación para ganar sus ingresos mientras que no responden a nadie. En muchas maneras, este estilo de vida satisface las necesidades de tener sentido de propiedad que estamos discutiendo en este capítulo. Esta categoría podría incluir a médicos, abogados, contadores o cualquier otro profesional con una práctica privada. También podría incluir a cualquiera que es dueño u operador de un negocio propio. De acuerdo a Kiyosaki, sin embargo, en última instancia, este cuadrante tiene el mismo arreglo que el cuadrante "E", el intercambio de tiempo por dinero. Sin importar el nivel de competencia o profesionalismo de parte del dueño, se requiere su tiempo para tener éxito. Nuevamente, a lo que esto conduce es a un agotamiento del estilo de vida, exactamente donde el dueño del negocio se queda sin tiempo personal.

Esto nos conduce a la parte derecha del Cuadrante. Si la parte izquierda del Cuadrante se trataba de cambiar tiempo por dinero, ya sea para un empleador o para uno mismo, la parte derecha del Cuadrante se trata del apalancamiento. El concepto de apalancamiento, de hecho, es la única forma genuina de generar riqueza. El apalancamiento es la habilidad de multiplicar los esfuerzos de uno para producir, con el tiempo, más retornos que la suma de los ingresos. Sin el apalancamiento, lo máximo que puede pasar es un intercambio de nuestros esfuerzos por dólares. Después de recibir los dólares, debemos poner más es-

El apalancamiento es la habilidad de multiplicar nuestros esfuerzos para producir, con el tiempo, más retornos que la suma de ingresos.

fuerzo para obtener más dólares.

¿Entonces qué hay para apalancar? Primero que todo, podríamos pensar en nuestra habilidad musical. Alguien realmente escribió la canción, Feliz Cumpleaños (créase o no), y produce grandes regalías anualmente. ¡Si sólo puediéramos hacer algo así! De hecho, sin duda, muchos lectores de este libro tienen una habilidad musical. Pero la capacidad de escribir música y de que logre una aceptación comercial generalizada es una propuesta muy débil. Por lo menos, ¡no estuvo abierta para nosotros! (Por favor no nos pida que se lo probemos, no es una buena imagen.)

¿Qué pasa con la habilidad literaria? La gente como John Grisham gana millones con sus libros y películas. Funciona igual que con la música. Cree algo con interés comercial y mire cómo se acumulan las regalías. Pero nuevamente, mientras que algunos de los que están leyendo esto pueden tener un don en esta área, esto no estaba realmente disponible para nosotros. ¿Qué hay acerca de los inventos? Parece que en todos los lugares donde vamos, la gente tiene grandes ideas en su cabeza que quieren patentar y comercializar. ¡Grandioso!

Los dueños de negocios "D" (opuestos a los dueños de negocios "A") tienen un sistema para dirigir sus negocios para que puedan prosperar y crecer sin su aporte diario constante

Entonces, si no podemos apalancar nuestra habilidad musical, nuestro genio literario, o nuestra inventiva, ¿qué queda para apalancar a gente promedio como nosotros? No queremos pasar nuestras vidas cambiando tiempo por dólares en el lado Izquierdo del Cuadrante. En lo que a nosotros concierne, sólo quedan dos opciones viables. La primera es el dinero. Es aquí donde entra en juego el cuadrante "I". La "I" significa "inversionista," y Kiyosaki lo llama un "inversionista sofisticado" para diferenciarlo de la mayoría de la gente que tiene un poco de dinero en sus planes de ahorro y que tienen un fondo común o dos. Para los fines de esta discusión, estas personas no se consideran "inversionistas" porque no están obteniendo un apalancamiento suficiente, por lo menos no lo suficiente para vivir. A lo que Kiyosaki se refiere es a usar grandes cantidades de dinero para generar un ingreso constante. El viejo dicho dice: "¿Cuál es la mejor manera de hacer un pequeña fortuna? ¡Empezar con una grande, preferiblemente la del padre de su cónyuge!" Seriamente, las grandes cantidades de capital tienen la habilidad de generar ingresos residuales constantes. El problema para nosotros, como para la mayoría, es que no teníamos la gran suma de dinero para empezar (y nos casamos por amor en lugar de por dinero ¡entonces arruinamos esa posibilidad también!). Entonces sin grandes cantidades de efectivo para una inversión que genere un ingreso residual constante, ¿qué nos quedaba?

Nos quedaba el cuadrante "D", el "Dueño de Negocios". De acuerdo a Kiyosaki, los dueños de negocios "D" (opuestos a los dueños de negocios en el cuadrante "A") tienen un sistema para dirigir sus negocios para que puedan prosperar y crecer sin sus aportes diarios constantes.

¿Qué significa eso? ¿Qué apalanca el dueño del negocio "D"? La única cosa que queda en realidad. Ni la habilidad musical, ni el genio literario, ni la inventiva, ni siquiera grandes cantidades de capital, sino algo de lo que todos tienen una misma cantidad – el tiempo. Desde el más alto y poderoso al más bajo de los bajos, todos tenemos 24 horas al día, 168 horas a la semana. Eso es – tiempo – y lo que hacemos con él nos hará o nos llevara a la ruina.

Sabemos lo que podría estar pensando. ¿¡Tiempo!? ¿¡Quién tiene tiempo? De hecho, el tiempo es la única cosa que la gente parece no tener. Estamos tan ocupados; ¡tenemos que recordarnos ir al baño anotándolo en nuestros organizadores!

Lo sabemos. De hecho, con nuestras carreras corporativas, las idas y vueltas al trabajo y nuestras pequeñas familias y las responsabilidades del hogar y las obligaciones de la familia, estábamos extremadamente faltos de tiempo. Habíamos llegado a un punto al que parece que muchos de nosotros llegamos, donde empezamos a pensar que estar ocupado es por sí mismo un signo de éxito. Henry David Thoreau dijo: "No es suficiente estar ocupado, ya que lo están las hormigas. La pregunta es ¿en qué estamos ocupados?" Ocupados, ocupados, ocupados. "Debe ser que soy importante." Bueno, hemos descubierto que en realidad lo que significa es que sólo estamos ocupados. Y estábamos envejeciendo rápidamente y teníamos muy poco tiempo para darnos cuenta. Entonces, ¿como íbamos a apalancar el tiempo?

Nuestro diagrama de 24 horas diarias se parecía a esto:

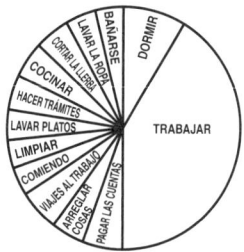

Descubrimos que estábamos malgastando pequeñas porciones de tiempo en cosas urgentes pero no importantes que literalmente nos estaban robando nuestra productividad. Y estábamos sacrificando mucho tiempo para ganar nuestros salarios que nunca nos iban a llevar más alto en la vida. Si pudiéramos quitar algo de tiempo discrecional, quizás rendir algunas actividades sin valor agregado por un corto tiempo, podríamos tener algo que valga la pena apalancar: pequeñas dosis de tiempo de manera consistente. Eso es exactamente lo que hicimos.

La meta de apalancar el tiempo es un término que

nos gusta usar llamado "ingreso regen
pequeña ilustración podría ser útil (lo
sotros). Considere una situación en la
dad necesita una fuente de agua potabl
razón, la fuente se agota. El consejo de
cide licitar la provisión de agua potable a los proveedores dispuestos. Eventualmente se elige uno. Ese proveedor empieza a suministrar agua a la ciudad llevando baldes de la fuente a la ciudad.

Si aplicamos el Cuadrante® DEL FLUJO DEL DINERO a este ejemplo, podemos ver las "Es", o los empleados, llegando a trabajar a la fuente de agua, recogiendo sus baldes asignados y acarreándolos a la ciudad repetidamente a lo largo del día. Día tras día, semana tras semana, mes tras mes, llegan para llevar los baldes. Si quieren permanecer empleados por la compañía y mantener sus cheques de pago fluyendo, deben continuar llevando los baldes. Quizás, como incentivo, eventualmente pueden ganar algunos extras y beneficios por ser tan buenos acarreadores, como tener su cargo pintado en el balde: "Acarreador Principal de Balde", o tal vez "Vicepresidente Extraordinario de Acarreadores de Baldes." Eventualmente, quizás les entregue un "balde de la compañía" que puedan estacionar en su garage para que los vecinos puedan ver lo bien que les va en el trabajo. La idea se ve claramente.

El dueño de negocio "A" es el emprendedor que recibió el contrato para el suministro de agua. Es su responsabilidad entregar los baldes, supervisar a los empleados, llevar la nómina, pagar los aportes de Compensación para Trabajadores y los programas de desempleo, asegurarse de que el agua sea suministrada, asegurarse de que los trabajadores no se la beban toda, o que la derramen o que escupan en ella, etc. En los días realmente malos, podría terminar llevando los baldes de agua personalmente si no logra que el equipo llegue a trabajar. Obviamente algo de esto es

...ción, pero nuestros amigos dueños de negocios "S" nos aseguran que no estamos muy equivocados. De hecho, un dueño de negocio "A" comentó que en su vida la "A" significa estrés ya que eventualmente todo cae bajo su responsabilidad. "Algunas temporadas son de fiesta, otras de hambre" el dice. "Nunca se sabe".

El lado derecho del Cuadrante funciona diferente. En lugar de la necesidad de llevar los baldes, los dueños de negocios "D" y los "Is" (inversionistas) utilizan el concepto de apalancamiento o ingreso regenerativo. En lugar de llevar los baldes de aquí para allá o de asegurarse que los grupos de empleados trabajen correctamente, la gente a la derecha del Cuadrante INVIERTE su tiempo y/o su dinero para construir una cañería. Primero, los acarreadores de baldes pueden parecer estar más avanzados que los que construyen la cañería, llevando el agua a la ciudad a diario y recibiendo su paga. Los que construyen la cañería pueden ni siquiera tener los permisos todavía sin embargo y los "Es" y "As" a la izquierda del Cuadrante ya están haciendo dinero. Pero es similar a una bicicleta de 10 velocidades corriendo contra un aeroplano. La bicicleta puede salir disparada en la delantera, pero una vez que el aeroplano empieza a ganar impulso, ya la competencia termino. Una vez que la cañería está terminada y el agua empieza a fluir a la ciudad, los que llevan los baldes están seguramente sin negocio. El agua es suministrada automáticamente en la medida que la ciudad la necesita; es más limpia y más confiable, y los pagos a los dueños de la cañería se hacen periódicamente. Una vez que la cañería está construida, la mayor parte del trabajo está listo, pero las ganancias recién comienzan. Eso es el ingreso regenerativo.

Cargue el proceso con trabajo (en la vida real esto usu-

No cambie sus horas por dólares. INVIERTA su tiempo y esfuerzo en algo que traerá resultados a largo plazo.

---

almente resulta ser mucho trabajo) y con el tiempo despues de esos esfuerzos iniciales eventualmente el dinero entra de manera acumulativa.. Aunque cualquier cañería requiere mantenimiento, es mínimo comparado con el retorno constante.

Eso es realmente de lo que se trata el lado derecho del Cuadrante: ingreso regenerativo constante. No cambie sus horas por dólares. INVIERTA su tiempo y esfuerzo en algo que traerá recompensas a largo plazo.

Lograr ingresos del tipo de la cañería no fue fácil para nosotros, por supuesto. No ocurrió de la de la noche a la mañana. Existieron sacrificios en el camino, pero al invertir un poco de tiempo de manera consistente y apalancarlo hacia un ingreso tipo cañería "D"; fuimos bendecidos con la habilidad de organizar de nuestras 24 horas exactamente como queríamos.

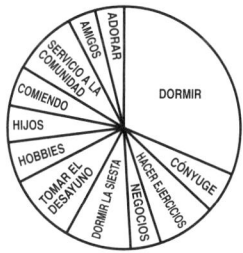

Como puede ver, cuando se hace bien, un ingreso de tipo cañería permite flexibilidad. De hecho, la flexibilidad es una de las ventajas más deseables de ser dueño de su propio negocio "D". A muchas familias les encantaría trabajar menos horas y pasar más tiempo juntos. A muchas madres jóvenes les gustaría la opción de quedarse en casa durante los años de niñez de sus hijos. A mucha gente le encantaría tener el tiempo y la libertad para viajar más, o para practicar sus pasatiempos y deportes preferidos. ¿A cuántos padres les gustaría asistir a los eventos deportivos de sus hijos, tal vez hasta ser sus entrenadores? Es esta flexibilidad y esta libertad lo que hacen que el esfuerzo requerido para construir un ingreso de tipo cañería valga la pena.

Implicaciones de Impuestos

Hay otra ventaja importante al ser dueño de su propio negocio: los impuestos, o con más precisión, un plan mejorado para sus cargas fiscales. Para la mayoría de la gente que vive cobrando su salario, como lo hicimos nosotros, la carga fiscal es enorme, porque existen muy pocas deducciones disponibles para alguien que se gana la vida con un ingreso tipo W-2. Una declaración W-2 va del empleador al gobierno de los Estados Unidos para reportar los ingresos anuales del empleado. El empleado luego tiene la opción de declarar algunas deducciones permitidas, como hijos dependientes, intereses hipotecarios, y aportes a la caridad (eso si cumplen con los requerimientos mínimos que les permiten deducir). Pero no se puede hacer mucho más para que una persona que recibe la declaración anual de impuestos W-2 reduzca la carga fiscal. De hecho, cuanto mejor paga un "trabajo de alto sueldo", más pesada es la carga de impuestos. Sin embargo, en el mundo de los negocios, el ingreso es generado en forma de una declaración 1099 o una declaración de impuestos corporativos. El código fiscal alienta el crecimiento de los negocios rentables como una parte importante del crecimiento económico para el país, por lo tanto permite deducciones para gastos legítimos incurridos

en la búsqueda de la rentabilidad. Las ganancias indicadas en una declaración.
1099 o corporativa se reducen con todas las deducciones de gastos permitidas. De muchas maneras, este es un arreglo más justo que para la persona que recibe una declaración de impuestos W-2, y posiblemente pueda significar un mayor poder adquisitivo real.

Podríamos continuar muchas páginas enumerando las razones detrás de la enorme tendencia hacia los negocios basados en el hogar, los negocios "B" en particular. La gente quiere libertad para perseguir sus propias metas y sueños. Quieren trabajar y vivir como desean, donde elijan hacerlo. Quieren ganar tanto como ellos valen y no lo que vale su trabajo o su tarea. Quieren disfrutar las mejores ventajas de impuestos para maximizar los resultados de sus esfuerzos; quieren vivir sus vidas en lugar de que sus vidas los absorvan a ellos. Quieren ser dueños o parte de algo que realmente importe y que permita una vida de calidad.. Como dice Maury Klein: "El negocio se encuentra en el corazón de la cultura estadounidense y ha sido la fuerza impulsora por mucho tiempo en la historia de EEUU.". Cada vez más, la gente quiere ser parte de esa fuerza. En los próximos capítulos explicaremos cómo eso se ha hecho posible hoy mas que nunca.

2
Cuatro Industrias
Desarrollo Personal, Negocios en el hogar, Entrenadores Personales y Construcción de Comunidades

Oportunidad se puede definir como "una combinación favorable de las circunstancias. "En el mundo de los negocios por lo general consiste en la explotación de las tendencias favorables a la empresa. Como dice el refrán, "Un idiota en una en una tendencia lineal hacia arriba siempre derrota a un experto en en una tendencia plana! " No afirmamos que somos expertos, pero conocemos una gran tendencia de negocios cuando la vemos.

Además, se ha dicho que el éxito se produce cuando la oportunidad y la preparación se encuentran. Si eso es cierto, entonces con mas rason cuando se encuentran en una intersección de cuatro mercados o industrias explosivas!

Industria 1: Desarrollo Personal

"Disculpe, ¿podría dirigir a la sección de autoayuda?" le preguntamos al empleado de la librería.

"Bueno, si te lo dijera, se frustraría el propósito, ¿no es cierto? "

Broma aparte, no puede ignorarse la inmensidad de la industria de Desarrollo Personal. Esta amplia categoría puede también llamarse el desarrollo del liderazgo o liderazgo, la industria de la autoayuda, o la industria de Formación. Tal vez la amplia gama de nombres para esta Categoria nos dice cuan grande la industria es hoy.

Desde entrenamiento oficial corporativo a un libro de habilidades personales, y todo lo demás, la industria del desarrollo personal se ha convertido en una fuerza enorme. Se estima que esta industria tiene un ingreso toal alrededor de $ 400 mil millones anuales.

Los orígenes de Desarrollo Personal se remontan hasta Aristóteles y Confucio. El Desarrollo Personal ha encontrado igualdad en el mercado, en las universidades más importantes, instituciones de investigación, y en la vida de los individuos ambiciosos. En definitiva, se ha convertido casi en una verdad universal aceptada que la mejoría es el resultado del crecimiento personal. Más capacidad, más comprensión, mejor perspectiva, una visión más clara, son cruciales para una carrera, profesional, personal, financiera y de relaciónes. Por esta razón, Los libros de desarrollo personal, materiales, convenciones, conferencias y tutorías ya están disponibles en casi todas las categorías de carreras.

Una rápida mirada a los mercados revela que si no se están aprovechando de la gran cantidad de material disponible para la auto-mejora y avance, usted está perdiéndose de mucho.

Industria #2: Negocios en el Hogar

El concepto original de trabajo en red, o lo que una vez fue llamado Mercadeo de Redes, sigue siendo tan fuerte hoy como lo fue en su nacimiento. Dicho recurso habla de las mismas cosas que discutimos en el capítulo uno: la posibilidad de tener su propio negocio.

Hay algo muy bueno en la oportunidad de ser dueño de su propio negocio. Hay algo muy bueno en que la compensación fluye hacia el ejecutante y no está sujeta a las políticas de juntas, edad, raza, religión, o cualquier otros prejuicios. Hay algo muy bueno que una empresa sea lo suficientemente flexible para permitir que uno valla tan rápido o tan lento como sea posible o deseado. Y hay algo muy bueno sobre un negocio que sea accesible para empezar, mantener y crecer con el tiempo. Finalmente, hay algo muy bueno sobre una oportunidad que sólo está limitada por tus propias habilidades y no por la evaluacion de nadie más.

Por todas estas razones y más, el trabajo en red o networking se ha expandido por todo el mundo, prospera en casi todas las regiónes y en casi todas las culturas. Los expertos estiman los ingresos anuales globales de la industria de la red es alrededor de $ 100 mil millones. Personas casadas y solteras, jóvenes y viejos, próspero o con problemas financieros, o de cualquier expectrum de la vida han tenido éxito rotundo en esta industria.

Networking es único en que generalmente requiere muy bajos costo inicial y se basa más en la iniciativa propia y la persistencia en vez de capital y equipo. Networking trabaja con el poder de la gente aprovechando la estrategia mas poderosa que se a descubierto jamas: El poder de relaciones, la referencia de persona a persona o de boca a boca. En resumen, amigos hacen lo que hacen los amigos, y la conexión de las relaciones con la oportunidad de Divertirse, Hacer Dinero, y Marcar la Diferencia (el lema del equipo) es premiando a muchos niveles.

Industria # 3: Entrenadores Personales

La industria del entrenadores personales es relativamente nueva, sin embargo, en un corto período de tiempo que se estima que genera más de $ 1,5 mil millones al año. Wikipedia lo define de esta manera "la práctica de apoyar a una persona, denominada como un choachee o cliente, a través del proceso de el lograr un resultado específico personal o profesional ".

Bueno, eso suena bastante aburrido. Si eso fuera todo en lo que consiste, estamos seguros de que no sería el creciente mercado que es.

Más bien, lo que hace que la industria de Entrenadores personales tan atractiva es el hecho de que la gente se están despertando a la posibilidad que tienen puntos ciegos en su forma de pensar. Los entrenadores le pueden proporcionar una ventana a estos puntos ciegos. Como dice el refrán, "No te ves tal como realmente te ves cuando te ves a ti mismo. "Los entrenadores están al margen y fuera de usted, por lo cual le pueden ofrecer una perspectiva diferente, y muchas veces más precisa que la propia. Desde este punto de vista, los entrenadores ofrecen perspectivas y protección contra el autoengaño. ¿Y quién no se autoengaña por lo menos un poco? Cualquiera que diga que no se engaña un poco a sí mismo se esta engañando a sí mismo.

Por supuesto, los mejores entrenadores son aquellos que tienen éxito probado, que tienen lo que conoce como "el fruto en el árbol "y" predican con el ejemplo. "Ellos tienen la experiencia, la sabiduría, y los resultados. Ellos son capaces de proveer la mejor ayuda para el desarrollo de la otra persona porque han experimentado el éxito y la transformación de ellos mismos. En otras palabras, grandes entrenadores son necesarios para ayudarle a pensar si usted debe pensar en lo que usted cree que debería pensar.

Industria #4: Construcción de la Comunidad

Bueno, esto realmente no es una industria en absoluto, esto es algo mucho más grande. Abarca en su totalidad de la necesidad humana de conexión con otros. Fuimos creados para ser personas de relaciones: con nuestra familia, amigos, vecinos, y el Creador.

Lamentablemente, este estado deseado de relación armoniosa a menudo carece. Las instituciones que alguna vez florecieron en esta área han fracasado en nuestra sociedad de altaltamente stresada y ocupada Los líderes de Iglesias se han quejado de la apatía de la gente y la falta de participación. Los clubs y organizaciones han visto como sus números disminuyen. Los trayectos largos al trabajo y horarios repletos nos han separado de los momentos de intimidad con nuestros vecinos y amigos. Espontaneidad y conversaciones casuales estan casi extintos, perdidos en la confusión de la administración de tiempo y desapareciendo de minuto a minuto de nuestros días.

En este vacío de conexiones significantes existe un concepto relativamente nuevo que se ha convertido rápidamente en un fenómeno. Casi nadie, incluyendo sus pioneros, lo vieron venir. Este nuevo concepto se llama Redes Sociales. Se compone de comunicación electrónica en pequeñas dosis y la sensación falsa de "amistad" a través del espacio compartido en un sitio cibernetico. Aunque hay sin duda muchos aspectos positivos que se pueden obtener a través de una conexión con otras persona via Internet, tales como mantenerse en contacto con compañeros de la universidad, familia, viejos amigos y antiguos vecinos, y conocer gente de intereses similares, el lado negativo es que muchos han venido a substituir a "la realidad" con falsas relaciones superficiales. Podemos "hacer amistades" y "Des-amhacer amistades" con el clic de un botón. Podemos atraer seguidore que ni siquiera están escuchando. Podemos engañarnos a nosotros mismos pensando que tenemos relaciones con otros cuando lo único que tenemos son las sombras de alguien distante. A pesar de todo aun persiste la necesidad humana de tener conexiónes profundas y verdaderas . Por esta razón, existe un enorme potencial donde alguien puede proporcionar una comunidad verdaderamente significativa y un ambiente de tal manera que combine la alta tecnología y el toque personal. La mejor combinación es una organización de base comunitaria que comprende el ocupado mundo de la alta tecnología de hoy, pero se las arregla para unir a la gente de manera real y significativa. Eso es construcción verdaderamente la construcción de comunidades, y hay mas necesidad de esto hoy que nunca.

Oportunidad

Autor Frans Johansson en El Efecto Medici escribió sobre la diferencia entre la innovación direccional y la innovación intersectorial. Él define informacion direccional como mejoria incremental de un producto o servicio. Esto podría ser considerado un paso de bebé en la innovación, o la mejoria continua. Sin embargo, Innovacion intersectorial es algo revolucionario y da lugar a la combinación de cosas que nunca antes han sido combinadas. Innovación intersectorial generalmente resulta en algo explosivo, algo nuevo, y algo de manera exponencialmente mejor que cualquier cosa que haya existído antes. Cuando Howard Berke, co-fundador y presidente de Konarka dijo: "Si usted identifica la confluencia entre dos industrias, esto puede formar la base para una nueva industria. Cada empresa que yo he empezado ha sido en la intersección de por lo menos dos industrias. Se trata de una estrategia deliberada, esa es la forma de innovar "Como Johansson escribió:" El secreto es este: Si desea crear algo revolucionario, dirijace hacia la intersección. "

Considere lo siguiente: si la innovación explosiva esta disponible en la intersección de dos industrias, inmaginese lo que podría suceder en la intersección de cuatro? En corto, ese es el negocio de LIFE: la intersección de las cuatro industrias; el Desarrollo Personal, Negocios basados en el hogar, Entrenadores Personales, y Construcción de Comunidades.

CUATRO INDUSTRIAS

LIFE es un negocio explosivo que toma lo mejor de cada una de estas cuatro industrias y lo combina en algo revolucionario.

3
Desarrollo Personal
Usted No Sabe Lo Que No Sabe

Se ha dicho que la mejor inversión que se puede hacer es en sí mismo. En verdad, su única seguridad real es su propia capacidad de desempeño. Mejorando, en su desarrollo personal, en sus habilidades, creciendo en su forma de pensar, mantenerse fuerte, y ampliar sus horizontes son cruciales en un mundo que está cambiando cada vez más rápido que nunca. Pero, ¿cómo puede uno hacer todo esto?

Para muchos, la respuesta a esta pregunta se ha encontrado en la industria de desarrollo personal. parapara poder descubrir sus propias capacidades y conocimientos, millones y millones de personas han aprovechado el conocimientos y la información contenida en ella. Después de todo, estamos en la Era informatica. La información es ahora tan prevalente que el problema ya no está en conseguir acceso a la información, sino en el identificar la información correcta. ¿Y qué es exactamente lo que contiene la información correcta? Simple: la información de la fuente correcta es decir, la información de aquellas personas que tienen y han demostrado y experimentado el éxito.

El gran atajo a la grandeza personal no está en aprender de nuestros errrores, lo cual es lento y frustrante (Con el beneficio adicional de ser a veces embarazoso), sino más bien en seguir el ejemplo de aquellos que tienen más experiencia. En resumen, es mejor aprender de las experiencias es de otra persona.

Por lo tanto, ¿qué información es la más importante? La información que aporta el mayor beneficio a la persona que la recibe. Estos son los cimientos sobre los cuales se ha construido la industria del Desarrollo Personal.

Usted no sabe lo que no sabe

Hay un refrán lindo que dice: "Usted no sabe lo que no sabe." Y realmente, ¿cómo podríamos? Pero hay más. No sólo no sabemos lo que no sabemos, pero también nos estamos olvidando mucho de lo que sabíamos. Cuando consideramos nuestro entrenamiento formal como ingenieros, por ejemplo, es embarazoso cuánto se nos ha olvidado. Pero este cascabeleo lindo va más halla. No sólo no sabemos lo que no sabemos, y nos estamos olvidando de mucho de lo que sabíamos, pero también algunas cosas que sabemos no es información correcta. Piensa en esto. ¿Cuántas cosas has aprendido que han resultado no ser ciertas? Sucede todo el tiempo. Por ejemplo, las letras de canciones. ¿Alguna vez has sido sorprendido cantando una canción en la radio y alguien señala (probablemente muy comica) tu comprensión incorrecta de la letra de la cancion? Así que cualquiera de nosotros tenemos punto ciego en el conocimiento que tiene sentido estar en constante aprendizaje.

Una mejor vida LIFE

El propósito de la empresa de LIFE es de proveer una vida mejor para sus clientes. Como nos gusta decir, "Nuestro producto final es una vida mejor ". Esto se logra a través de la información de clase mundial en forma de grabaciones de audio (CDs y descargas), videos (DVD y clips de vídeo via internet), libros, folletos, paquetes de informacion, eventos, y otros medios. El formato o medio utilizado circunstancial es la información la que tiene el poder de transformar vidas.

Las 8 Areas de LIFE

Hay ocho canales a través de los cuales los materiales de LIFE buscan tener un impacto positivo. Esta es la lista de ellos:

1. Fe
2. Familia
3. Finanzas
4. Salud
5. Liderazgo
6. Libertad
7. Relaciones
8. Felicidad

Estas áreas semejan las manecillas de una rueda de timón, y representan las categorías generales a través de las cuales vivimos nuestras vidas. Interconectados y en equilibrio, nuestra rueda dirige el barco de nuestras vidas. Fuera de balance y fracturadas, estamos perdido en el viento y echados a la derriba de alta mar. Solamente agarrando la rueda firmemente se puede obtener el control sobre la propia vida y la podemos dirigir hacia mares más tranquilos.

El poder de la disposición de esta información esta en su amplia aplicabilidad. Nunca hemos conocido a alguien que no necesita ayuda en al menos una de estas categorías. Podríamos decir que todos nosotros podríamos y deberíamos estar trabajando para mejorar en cada una de estas categorías constantemente. Obviamente debemos priorizar. Un ejercicio interesante sería clasificar estas 8 áreas en el orden más importante para usted ahora mismo. ¿En cuál de estas áreas estaría dispuesto a aprender y crecer?
¿Cuál de estas áreas le trae mas angustia y dolor en este momento? Estas son las consideraciones que los clientes de LIFE hacen cuando seleccionan los materiales que les ayudaran a mejorar sus vidas.

Credibilidad

Por supuesto, la información sólo es valiosa si funciona. Y, francamente, hay mucha disponible en la amplea industria del desarrollo personal que puede ser considera cuestionable. ¿Quién no se ha reído de los "infomerciales" por la noche prometiendo riqueza y la felicidad a través de técnicas extrañas de control mental o misticismo? Entonces, ¿cómo puede usted diferenciar la buena información del resto? Una vez más, vuelve a si la información se ha demostrado eficaz para transformar vidas, y esto es a menudo es algo difícil de cuantificar.

El primer lugar donde uno lo puede ver es en los clientes satisfechos. Por ejemplo, el libro Lanzando Una Revolución de Liderazgo, , es uno de los libros mas vendidos en el New York Times, Wall Street Journal, Business Weekly y USA Today.. En total, nuestrsos libros han vendido cerca de 1 millón de copias. Los críticos como Publishers Weekly, Alltop, Leadership Selection , Listas de gurús de liderazgo, libros de texto universitarios, consultores empresariales de entrenamiento via videos online, y empresas privadas dan recomendaciones positivas y/ o han utilizado nuestros materiales en su propio trabajo.

Todo esto es sin duda muy bueno, y nos sentimos agradecidos y honrados por esta respuesta. Sin embargo, no hay nada como el poder del testimonio personal de nuestros clientes para asegurarnos que nuestros mejores esfuerzos no han sido en vano. ¿Cuándo la vida de alguien realmente ha sido cambiada para mejorar, es un beneficio adicional el que no puedan para de hablar de ello. Bien, hemos proporcionado un canal donde los clientes de los productos de LIFE puede compartir sus historias. Estos testimonios se puede adquirir en el sitio web de LIFE www.thelife-leadership.com. Detrás del botón de Testimonios hay una gran cantidad de comentarios del clientes y videos cortos que describen su experiencia con la información que transformo sus vidas y de su propio negocio, aquí puede comparar resultados en cuanto a ocupaciones, situacion financiera, estado civil, etc

Valor

El valor puede ser definido como valor sobre costo. Tal vez no existe en ningún lugar tanta variabilidad de valor como en la industria del Desarrollo Personal.

De hecho, es en esta área donde la mayor parte de los golpes contra la industria ocurren.

Una breve revisión de precios de esta industria rápidamente demuestra por qué. A continuación se presentan algunos de los precios en los materiales y eventos escogidos al azar de sitios cibernéticos de muchos de los nombres más reconocidos de la industria:

1. 1. Un taller de tres días y seminario con enfoque en el dominio personal Precio $1,997.00
2. 6 CDs y 1 DVD que incluyen un curso de estudio para el hogar con enfoque en el éxitoprecio $395.00
3. Un paquete de 14 DVDs con enfoque en administración efectiva precio a $789.00
4. Un modelo de estrategia de éxito conteniendo 6 DVDs y 1 CD precio $299.00 dólares
5. Una serie sobre cómo dominar el dinero que incluye recepción 2 CDs al mes -precio $67 por mes
6. Una conferencia de tres días enseñando a los grandes líderes cómo dirigir equipos precio $1,895.00

No nos malinterprete. Hemos aprendido y disfrutado de los materiales de cada uno de estos proveedores (que permaneceran anonimos). No hay nada malo con la información que proporcionan, ni los precios que son capaces de pedir en el mercado. De hecho, más poder para ellos!

Sin embargo, estos precios ponen los materiales fuera del alcance de la mayoría de la gente, y son relegados a el escalón más alto de nuestra sociedad en términos de estabilidad financiera. Es nuestra firme creencia, sin embargo, que este tipo de información no sólo es valiosa, pero también es necesaria para un mercado más amplio de personas. Después de todo, cuando iniciamos en nuestro negocio los dos estábamos profundamente en deuda y teníamos sólo mínimos (a veces nada) recursos para invertir. Por lo tanto, la estrategia de precios de Materiales de LIFE es quizás la más agresiva en la industria. Por ejemplo, las grabaciones de audio son generalmente sólo $10 dólares cuando se compran individualmente, e incluso menos cuando se compra en combinación con otros como parte de las suscripciones. DVDs, libros, folletos y eventos son igualmente bajos en costo, con un promedio general de el 70 a 300% más barato que la competencia.

Compensación

Hay otro punto enorme que cubriremos aquí, , aun a riesgo de adelantarnos a lo que cubriremos mas adelante en este libro. Consideremos por un momento, todo el dinero que se genera de los materiales en la industria del Desarrollo Personal. ¿Quién se queda con ese dinero? La respuesta es, los creadores de los productos y las empresas que los producen. Eso es todo. Esta es una de las razónes por lo cual algunos de ellos son tan fabulosamente ricos y pueden mostrar un buen estilos de vida en sus infomerciales.

En el caso del negocio de LIFE, el dinero se regresa a un plan de compensación a travez del caul cualquier miembro de LIFE puede ganar dinero y prosperar. No sólo su precio es extremadamente bajo , pero también se reparten las ganancias con los participantes empresariales de LIFE basados en su desempeño de acuerdo a un plan de pago (ver la Declaración de Bonificaciones Promedio disponible en el sitio cibernetico de LIFE). Tremendo valor!

La Teoría Brasini

Muchas veces no sabemos que somos una línea torcida hasta que alguien nos muestra una línea recta.

Ese es el efecto neto de proporcionar información que está ligada a verdades eternas. Tiene el poder de transformar vidas, demostrando lo que es posible a través de un ejemplo claro.

En su best-seller Ese Verano en Sicilia, autora Marlena De Blasi cuenta la historia de una niña de nueve años de edad, vendida por su padre un mercader a un príncipe rico. El padre es insensible y cruel, y rechazaba repetidamente el amor de la niña y los intentos de regresar a su casa.

Una vez que la niña creció y se convirtió en una mujer en la casa del príncipe, ella le pregunto a él acerca de su situación. El príncipe le aseguro que él tuvo nada más que las mejores intenciones para ella, pero el príncipe le hizo una pregunta a ella. Él le pregunto, cómo ella logro sobreponerse al cruel abandono desu padre sin crecer como una persona amargada. Ella respondió: relatando una experiencia que tuvo en el mercado del pueblo una mañana.

"Nunca olvidé eso", respondió ella, "La manera en que el señor Brasini sólo se detuvo y se volvió hacia su esposa, puso sus manos grandes de agricultor y acarició su rostro, la abrazo y la besó como en las películas. Él la besó por un largo tiempo y luego la miró su rostro y sonrió. . . Y cuando vi todo eso, yo sabía que su forma de ser sería mi camino. Su forma de ser y no como mi padre asi fue como yo quería que fuera mi vida. . Sabía que algún día me gustaría ser amada por un hombre como Brasini. *Entendí cómo funcionaban las cosas y cómo no funcionaban.*"

La joven había conseguido una mejor información. Toda su vida hasta ese momento había sido fría y llena de amargura. Había sido maltratada y abandonada. Sin embargo, tan pronto vio un ejemplo de lo que podría ser, en realidad lo que debería ser, ella se transformó para siempre. Había visto cómo funcionaban las cosas y cómo no funcionaban.

Ese es el poder de la información provininente de una fuente correcta de los que son como el señor Brasini. Eso, querido lector, es lo que los materiales de LIFE están diseñados a hacer darle un cálido beso en el mercado del pueblo para que todo el mundo vea – trazar una linea recta para todos aquellos que han visto nada más que una línea torcida. Ya sea en finanzas, relaciones, asuntos espirituales, o cualquiera de las otras 8 areas, sabemos que proporcionar un ejemplo sólido es el tipo de información más importante. Se trata de algo imprecindible para nosotros, de hecho, una pasión. Nos apasiona el difundir verdad en la vida de las personas con el fin de ayudar, como el señor Brasini con su esposa campesina. Vamos a trazar líneas rectas en el mercado, siempre y cuando alguien este mirando.

4
Redes
Utilizando los Principios de franquicia y el poder de la Comercialización de persona a persona

Si se observa lo que en realidad dirige y controla un negocio eso indica si la empresa es un negocio "A" o un negocio "D". Los dueños de los negocios "A" controlan sus negocios por sí mismos pero los negocios "D" no son dirigidos por el dueño sino por un "sistema". El dueño del negocio "A" debe estar allí para mantener las cosas funcionando.. El dueño del negocio "D" tiene un sistema que mantiene las cosas funcionando adecuadamente. Michael E. Gerber en el libro *The E Myth* dice: "El sistema dirige el negocio. La gente aplica el sistema. La pregunta que tiene que hacerse es: ¿Cómo puedo darle a mi cliente los resultados que quiere sistemáticamente en lugar de personalmente? En otras palabras: ¿Cómo puedo crear un negocio cuyos resultados dependan de un sistema en lugar de que dependan de una persona?"

Las franquicias son la respuesta a esta pregunta. La palabra franquicia tiene su origen en Francés y significa "libre de servidumbre". Un negocio de franquicia es uno en el que alguien ha desarrollado un sistema de operación exitoso, y pone a la venta el uso de ese sistema a dueños de negocios . Los nuevos dueños, de la franquicia, pagan una cantidad por el derecho al uso del sistema de la compañía de franquicias y se comprometen a seguir las reglas y estatutos corporativos. Gerber dice que la compañía de franquicias "no sólo presta su nombre a empresas pequeñas sino que también brinda a la persona que compra la franquicia todo un sistema de hacer negocios". Hay dos beneficios enormes para un contrato de franquicia:

1. La especializacion y experiencia brindadas de manera sistemática.
2. Crecimiento exponencial del negocio a través del poder de la duplicación.

Especializacion y Experiencia

Una frase que se escucha con frecuencia dice: "La experiencia es el mejor maestro." Sin embargo, esa es sólo una verdad parcial. Si bien todos podemos estar de acuerdo con que gran parte del aprendizaje se logra mediante la experiencia propia, no es cierto que sea el mejor maestro. El quebrarte la cabeza tranando y fracasando por propios medios, si bien es educativo, pueden consumir mucho tiempo y además a veces esa experiencia puede ser dolorosos.

En realidad, el mejor maestro es la experiencia de otra persona. Un atajo poco común en los negocios es aprender de los errores de otros.

Uno de los principios clave del franchising es que la riqueza de experiencia comercial, en la forma de conocimiento práctico y específico se pone a disposición del franquiciado.

Uno de los principios claves de las franquicias es que la riqueza de la experienciade negocios, en forma de conocimiento práctico y específico se pone a disposición del la persona que adquiere la franquicia.

Esto ahorra mucho tiempo y angustia, y está diseñado para brindar éxito para el dueño de negocios independiente o mejor dicho el dueño de la franquicia. El conocimiento y la experiencia se dan en forma de un sistema operativo. El sistema operativo es un conjunto de procedimientos y prácticas de negocios que han probado ser exitosos. El dueño de la franquicia sólo tiene que aplicar sus esfuerzos y energía y el sistema operativo hace el resto.

Por supuesto, que hay compañías que son mejores que otras en promover su experiencia en sistemas y en desarrollar un negocio exitoso. El principio es compartir la experiencia para que las dos partes ganen. Si los los dueños independientes o los que compraron la franquicia prosperan, entonces también la compañía central se beneficia. Si los dueños de la franquicia fracasan, la compañía central también pierde. Este es el caso típico de negocios con la filosofía "ganar-ganar". Como en la historia de Ray Kroc y McDonald's, que se ha comprobado ser una tendencia de negocios revolucionaria, que saturado casi todas las facetas de nuestra sociedad. La franquicia ha sido efectiva para productos e industrias tan variados como las comidas rápidas y cuidados de mascotas, alquileres de video y servicios de envío de la noche a la mañana siquiente.

Para ver cuán revolucionario era este concepto cuando empezó a principios de la década del 60, volvamos a ver la manera en que los negocios han operado históricamente. Solía ser, y todavía lo es en muchas industrias, la experiencia en negocios y los secretos comerciales son un elemento vital de un negocio. Los negocios son un mundo en el que los perros se comen a los perros y ¡todos tienen ropa interior de galletas para perros! Que alguien realmente lo logre sobresalir en el mundo de negocios era, y aun es, un logro bastante importante. La experiencia adquirida en el camino se vuelve casi invalorable. Compartir estos "secretos de negocios" con alguien fuera de la compañía sería un error. No capacite a sus aprendices demasiado o podrían convertirse en sus nuevos

Se ha dicho: "La mejor manera de atravesar un campo minado es seguir los pasos de alguien que lo ha cruzado con éxito"

competidores cuando licite su próximo trabajo. Pero la franquicia cambió todo eso. Gerber dice: "Donde el ochenta por ciento de todos los negocios fracasan en los primeros cinco años, setenta y cinco por ciento de todos los negocios con formato de franquicia tienen éxito". De hecho, la franquicia ha logrado que el compartir los secretos operativos del negocio, o "la tutoria," sea un intercambio rentable para ambas partes. Se ha dicho: "La mejor manera de atravesar un campo minado es seguir los pasos de alguien que lo ha cruzado con éxito".

Imagine una persona ambiciosa sin experiencia que desea entrar en los negocios. Si el éxito es como cruzar un campo minado, el principiante se para en el borde e intenta cruzar. Eso es el negocio convencional. Pero la franquicia le da al nuevo recluta un mapa y una guía. El campo minado es navegable porque alguien muestra cuál es el camino para cruzarlo. Lo único que la franquicia necesita de un participante ambicioso dispuesto a escuchar. Lo único que necesita el nuevo participante de la franquicia es alguien que le muestre el camino.

De vez en cuando, nos encontramos con alguien que pregunta: "¿Qué es lo que venden en realidad?" una respuesta trivial para esa pregunta es: "Estamos vendiendo un mapa para pasar el campo minado". Sin un mapa como ese, sólo hay un par de opciones. Primero, ni siquiera lo intente. Dejar el campo minado a otros y quedarse donde está en la vida. Segundo, aventurarse por su cuenta y arriesgarse (podría querer taparse los oídos).

Crecimiento Exponencial a través de la Duplicación

Al desarrollar un sistema operativo que realmente funciona, un negocio puede expandirse rápidamente al encontrar empresarios independientes que establecen franquicias en una área determinada. Si el sistema es suficientemente efectivo, el crecimiento puede ser exponencial. Esto se debe a un concepto llamado duplicación.

Usemos nuevamente el ejemplo de McDonald's como ilustración. Como los pioneros del concepto de las franquicias a gran escala, la compañía definitivamente tiene un sistema. Cuando usted va a un McDonald's de su localidad, ¿dónde está el mostrador? ¿Dónde está la maquina de freir? ¿Dónde está la ventana del servicio para autos? ¿De qué color son los arcos? ¿cual es el menú? Podemos predecirnos que la respuesta a la mayoría de estas preguntas en relación al McDonald's en su area son casi las mismas que los McDonald's en nuestra area. Es más, piense en el promedio de empleados que ve en un restaurante McDonald's. ¿Quiénes son? ¿Son expertos de la industria con experiencia en múltiples áreas de servicios alimentacios? ¿Son veteranos de la venta de comidas rápidas? Ciertamente algunos lo son, particularmente los gerentes; pero la vasta mayoría de los empleados son trabajadores con el salario mínimo, recién empezando en la vida y probablemente en su primer trabajo. Aquí tenemos unas de las compañías consistentemente exitosas de comidas en el mundo y lo hace mayormente con un fuerza laboral de nivel de principiantes con minima experiencia. ¿Cómo lo hace McDonald's? la compañía tiene un sistema operativo altamente efectivo, hasta el más mínimo detalle. Es lo mismo no importa donde usted vaya.

Esto no pasó por accidente. De acuerdo a Michael Gerber: "Ray Kroc comenzó a mirar su negocio [McDonald's] como el producto, y al empresarios independiente que adquirió la franquicia como su primer, último, y más importante cliente. Forzado a crear un negocio que funcionara para venderlo [a los empresarios indepedientes], también creó un negocio que funcionara una vez que fuera vendido, sin importar quien lo comprara. Armado con este pensamiento, se embarcó en la tarea de crear un negocio predecible a prueba de tontos. Un negocio que depende de un sistema, no que dependa de una persona". Son los resultados de estos esfuerzos los que lograron que un negocio pueda ser manejado de manera rentable por cualquier persona, aún los empleados sin experiencia con salarios mínimos.

La discreción es enemiga de la duplicación. Cuanto más puedan estandarizarse las cosas, más automático será el éxito para cada franquicia.

¿Cómo lo hizo Kroc? A diferencia de otros intentos de franquicias, su sistema dejó a la persona que adquirió su franquicia el menos campo de improvisación posible. La improvisación es la enemiga de la duplicación. cuantas más cosas se puedan estandarizar, más automático será el éxito para la franquicia. Cuantas más cosas se dejan al azar o la interpretación, menos se duplicará una idea. Gerber dice: "Si hace todo de manera distinta cada vez que lo hace, si todos en la compañía lo hacen a como quieran, a su manera, en lugar de crear orden, está creando caos".

En resumen, lo que Kroc desarrolló fue un sistema que mantiene las cosas simples, operando de la misma manera y que proporcionaba una enorme oportunidad de negocios a los posibles dueños de franquicias. Este sistema se duplicó enormemente y condujo a un crecimiento exponencial del negocio.

El Sistema de Entrenamiento de LIFE

La Franquicia no es para todo el mundo. Cuando empezamos en el mundo de los negocios, ni siquiera podíamos pagar una entrada al juego de las franquicias. Si bien todos estos conceptos de aprender de alguien con experiencia, seguir su mapa para cruzar el campo minado y aprender a duplicar técnicas operativas probadas sonaba muy interesante, pero todavía no teníamos nada de dinero; las franquicias se han vuelto excesivamente onerosas en los años desde los días de pionero de Kroc, y puede que sea o no la oportunidad que una vez fue. Los principios, sin embargo, perduran. Es por eso que hemos tomado tanto tiempo para analizar meticulosamente lo que hizo Kroc con McDonald's.

Lo que descubrimos fue una manera de aprovechar años de experiencia en negocios de gente con ideas similares que han tenido éxito en proyectos similares a lo que estábamos intentando. Empezamos a leer, preguntar y escuchar. Nos dimos cuenta que no sabíamos lo que no sabíamos, y que las cosas que más ignorábamos era lo que ignorábamos. Nuestro mayor punto ciego era el que no sabíamos que teníamos, pero pudimos aprovechar el éxito de otros, que a su vez se beneficiarían de nuestro éxito. Fue una manera grandiosa de experimentar los principios de las franquicias sin el costoso ticket de entrada, sin

Este sistema proporciona capacitación y educación en dos categorías principales: material oportuno y principios sin vencimiento.

mencionar las estipulaciones y responsabilidades o pasivos. Lo más importante es que funcionó.

De este concepto, nació el Sistema de Entrenamiento de LIFE. Para ayudar a la gente a construir comunidades de personas conectadas a Internet para comercializar productos de LIFE, tenemos un mapa a través del campo minado. Este mapa, o nuestro sistema, satisface los dos preceptos básicos dela franquicia: El compartir la experiencia y el poder de la duplicación.

El sistema de LIFE provee capacitación por medio audio (discos compactos y descargas cibernéticas]), capacitación visual (libros y videos), asociación con gente que ha tenido éxito (reuniones) y los más importante – mentores. Este sistema proporciona capacitación y educación en dos categorías principales: materiales actualizados y principios infinitos. Los materiales actualizados contiene técnicas y métodos. Estos cambian con el tiempo y con el clima en los negocios. Los principios son infinitos y verdaderos hoy y lo serán mañana. Siempre funcionan y proporcionan los cimientos para el éxito. Suele decirse: "Los métodos son muchos, los principios pocos; los métodos siempre cambian, los principios nunca".

Como el noventa y cinco por ciento de la gente gana dinero como empleados ("E") o auto-empleados ("A"), uno de los objetivos más grandes de nuestro sistema es ayudar a la gente a pasar de la forma de pensar del noventa y cinco por ciento (el lado izquierdo del Cuadrante CASHFLOW®) a la forma de pensar del cinco por ciento (el lado derecho del Cuadrante). Esto se debe a que los cambios en nuestros resultados en la vida deben seguir los cambios en nuestro pensamiento. La ecuación es la siguiente:

FORMA DE PENSAR → ACCIONES → HÁBITOS → RESULTADOS

Cambie sus pensamientos y las acciones lo seguirán. Modifique sus acciones de manera consistente y creará nuevos hábitos. Un cambio en los hábitos conduce a distintos resultados. En esencia, para cambiar sus resultados en la vida (output o información que sale), necesita modificar su forma de pensar (input o informacion que entra).

John Maxwell dice: "El problema con la mayoría de las instituciones educativas es que tratan de enseñarle a la gente qué pensar, no cómo pensar. La gente debe aprender a pensar correctamente para cumplir sus sueños y alcanzar su potencial." John Jacob Astor dijo: "La riqueza es en gran medida el resultado del hábito". Una de las declaraciones más mordaces respecto a la importancia de la forma de pensar viene de Ravi Zacharias, que dijo: "Ahora me pregunto qué bendiciones me he robado a mí mismo en la vida por no detenerme a pensar". El éxito nos mide a cada uno de nosotros de acuerdo a la dimensión exacta de nuestra forma de pensar.

Comercialización de Persona a Persona y el Poder de las Relaciones

La industria de redes utiliza aun más que los principios de franquicia, sin embargo, también se trabaja el asombroso poder de la referencia de Pesona a Persona.

Esta es la forma más barata y más eficaz de publicidad. Las relaciones personales siguen siendo una de las fuerzas más poderosas en el mundo de los negocios y la industria de redes proporciona una manera de apalancamiento de contactos y conocidos en un negocio creciente el cual pronto se propaga más allá de las personas que ellos conocen.

De hecho, este es uno de los aspectos más peculiares de el concepto de trabajo en red. El éxito de una persona no realmente dependerá del tamaño o la calidad de su red de amigos y asociados, sino más bien rápidamente crecerá más allá de eso. Lo que realmente cuenta es la capacidad de una persona para construir relaciones con la gente mientras se trabaja juntos para alcanzar los objetivos del negocio. Servir a los demás, ayudarles a conectar al sistema de entrenamiento, y ayudarlos a que tengan éxito en sus negocios, todo esto juega un papel muy importante en el mercado de persona a persona. Es un negocio que construye relaciones a medida que avanza, desarrollando vínculos personales a través de compartir experiencias y logros, no sólo se basá en las relaciones previas.

De hecho, muchas veces nuestros socios de negocios más importantes son personas que uno ni conocíamos al comenzar el negocio. De este modo, las redes es realmente un negocio que trasciende a través de la comercialización de Persona a Persona. de boca a boca. Más bien dicho, es el poder de las relaciones en el negocio.

Las personas son el fin y no el medio. Como nos gusta decir en LIFE: "Este no es un negocio que construimos con un propósito, este es un propósito que construimos con un negocio "Ese propósito es el de ayudar a personas a través de ayudar personas ayudando a otros"

5
Entrenador de Vida

Usted no se ve como usted se ve cuando se mira a si mismo

La multitud está entusiasmada y las gradas tiemblan bajo el peso de cincuenta mil personas saltando y gritando. Es un día fresco de otoño, pero el cielo está despejado y azul. Una ráfaga de viento altera el pelo de la única persona no se mueve en absoluto - el entrenador. Él está allí rígido e inmóvil en el centro del remolino, aguantando su portapapeles y mirando fijamente al campo. Pensando. Decidiendo. Entonces, finalmente, hace su decision.

"¡Esta bien, adelante!", Dice el entrenador a su asistente, y la ofensiva sale corriendo hacia el campo. Los aficionados se enloquecesen! Esta es probablemente la imagen que tenemos de un entrenador - alguien que está a cargo de las decisiones, las decisiones difíciles, con la frente en alto cuando la presión esta intensa, de tratar con la prensa y los jugadores y la oposición. Pero hay mucho más en el trabajo de entrenamiento que el titulo de "capitán del barco" hay que demostrarlo el día del partido. De hecho, esa no es la parte mas importante de un entrenamiento.

El entrenador puede ser definido como "alguien que te lleva del punto donde estás hasta a donde quieres ir. En Ingles la palabra Choach tiene dos significados entrenador y carroza. "Obviamente, en ingles existe un significado diferente de la palabra "Coach". Se puede comparar con el transporte de Cenicienta a la fiesta. ¿Pero no es interesante que la definición de la palabra Coach trabaja para un entrenador humano también? Porque, de hecho, un entrenador es alguien que lo lleva a donde a usted le gustaría llegar. Un buen entrenador sabe cómo hacer que usted haga lo que usted quiere hacer. Un entrenador efectivo puede verlo no sólo por lo que ya es, sino también por lo que a la larga pueden llegar a ser. De hecho, es esta capacidad de "ver" que permite a los entrenadores ayudar a sus aprendices.

Saber ver

Leonardo da Vinci (1452-1519) del periodo de Alto Renacimiento fue un dibujante y ávido tomador de notas. Esta fue su técnica para cumplir lo que el llamo saper vedere "saber como ver".
Fue llamado el secreto de su arte.

Este "saber como ver" es exactamente lo que provee un entrenador. Con una perspectiva externa, y con mayor conocimiento y experiencia, un entrenador puede proveer una ventana con una "mejor vista". Esto es crítico porque el mejorar sólo puede estar basado en los hechos. Una evaluación honesta debe ser hecha. Los mejores entrenadores pueden ver claramente donde alguien esta, y basado en esa información hacen recomendaciones para hacer cambios y mejoras.

Es sobre este principio que la industria de Entrenadores Personales esta construida. Personas de toda las clase social y ocupaciones han contratado entrenadores para ayudarles a llegar "Mejorar en su campo" al próximo nivel. Los Entrenadores Personales, al parecer, ya no es solamente para atletas, y con mucha razón.

Fruto en el Arbol

Sin embargo, hay un desafío con todo este nuevo respeto por los entrenadores, y este desafío es la capacidad. Aunque los entrenadores no son siempre más exitosos que sus aprendices, ellos deben ser capaces de demostrar una trayectoria de ayuda a otros a mejorar.

La mayoría de las veces esto significa que el entrenador está mucho más avanzado en el camino que el aprendice. Como dijimos antes, la mejor manera de aprender es a través de la experiencia es la de alguien más, y preferiblemente, alguien que ya tiene "fruto en el árbol."

Es por eso que enfatizamos en la credibilidad en el capítulo 3. Para que alguien pueda someterse a este proceso de entrenamiento con el fin de mejorar, él o ella debe confiar completamente en la información proveída. En este punto es donde el negocio de LIFE sobresale, los productos son fácilmente disponibles en cada una de las 8 categorías para ayudar a las personas a mejorar. A través del sistema de entrenamiento y la comunidad de los miembros de LIFE, entrenamiento y mentoria esta disponible por aquellos con fruto en el árbol.

El Precio de Resistir el Cambio

Se ha dicho que las únicas personas que les gusta el cambio son los bebés. Esto se debe a que el cambio puede ser incómodo. Nos gustan las cosas como son, por lo menos en comparación con lo desconocido. Pero el cambio de si mismo es una de las más sanas y más productivas cosas que podemos hacer.

La tendencia a resistirse al cambio y seguir siendo ciego a las deficiencias propias tiene muchos paralelos en la historia. En 1346, Inglaterra, el rey Eduardo III y su ejército de alrededor de 8.000 soldados quedaron completamente rodeados por un ejército mucho mayor de Francia en un área llamada Crecy. Las estimaciones del asalto francés fue de una cuenta de 12.000 a más de 100.000 caballeros y soldados.

Según el autor Richard Luecke, "Los Ingleses estaban lejos de casa, en inferioridad numérica, y sin líneas de apoyo ". Pero, sin el conocimiento de sus atacantes franceses, los Ingleses tenían un sistema superior, el tiro de flecha con arco.

Los arqueros Welsh se habían convertido en los mejores arqueros del mundo, y su cultura los habían elevado a una forma de arte la cual cambiaria el curso de la guerra medieval. Luecke escribió, "Los mejores arqueros le pueden dar a un blanco humano a 100 metros, pueden llegar a un objetivo de formación a 300 metros, y lanzar entre diez a quince flechas por minuto. Se dice que una flecha Inglés podría penetrar entre dos y tres pulgadas de roble, lo que significa que seria capaz de perforar si golpeara directamente la placa de la armadura usada por los caballeros y hombres de armas ". Los franceses, sin duda, tenían sus arqueros, también. Estos ballesteros se llamaban genovés. Su método y tecnología se remonta al siglo 12. Un ballestero experto podría bajar dos buenos tiros en un minuto. Dice Luecke acerca de la batalla aquel día en Crecy, "Con una señal del comandante francés, los genoveses armaron sus ballestas y dejaron volar sus flechas contra los Ingleses, pero en esta primera descarga se quedaron cortos. Antes de que pudieran volver a cargar y avanzar, Los arqueros Ingléses desataron un aluvión que debe haber pareció como un enjambre de avispas en el cielo. Otro ataque siguió en cuestión de segundos y otro, y otro. Los genoveses caían por centenares. Sin blindaje o refugio estaban totalmente indefensos contra la lluvia de flechas inglesas. Los pocos franceses que quedaron huyeron aterrorizados. Luego vinieron los caballeros franceses, los caballeros galantes con sus brillantes armaduras. Las flechas cortaron la armadura como nada. Una vez bajados de sus caballos, eran presa fácil de los ingleses con achas.

Aunque parezca increíble, los franceses enviaron

quince asaltos separados así directamente contra los Ingleses, cada uno terminó en desastre. La cifra final de batalla fue: 16.000 franceses muertos Y alrededor de 300 ingleses perdidos. La historia, sin embargo, continúa. Las dos partes se reunieron de nuevo diez años más tarde en la batalla de Poitiers. El resultado fue el mismo como antes, con las fuerzas francesas quedando en aniquilación total. A continuación, increíblemente, de cincuenta y nueve años más tarde sucedió de nuevo! Los atacantes franceses superaron al ejército Ingles de cuatro a uno, pero fue la misma amplia victoria como resultado. El rey de Inglaterra, Henry V perdió menos de 150 hombres a un estimado de 6.000 Franceses muertos.

Lo más interesante acerca de esta increíble serie de masacres es la razón. Luecke dice, "la combinación de tácticas de los arqueros de Inglaterra fue una innovación con un éxito cuestionable tomando en cuenta la época. . . Cómo respondieron los Franceses? La evidencia indica que no adoptaron el tiro con arco en la reforma de su propio ejercito. Para ellos ceder terreno a la idea de que un campesino con un casco de cuero con un manojo de flechas delgadas en su cinturón estuviera de alguna manera a la altura de sus superiores [los caballeros armados]. En lugar de adoptar la nueva tecnología militar, los franceses simplemente invirtieron más en lo que ya tenían, y en lo que había trabajado tan bien para ellos en el pasado."

Agradecemos este pedacito de historia porque demuestra exactamente lo que puede suceder cuando las ideas antiguas resisten a las nuevas. Si se lleva al extremo, se produce masacre. John Maynard Keynes dijo: "La dificultad no radica tanto en el desarrollo de nuevas ideas, sino en escapar de las ideas viejas ".

Ese es el trabajo de un entrenamiento bueno. Los que se niegan a crecer y ser mejor probablemente van a escuchar las flechas en el cielo. En otras palabras, la lección se repite hasta que la lección se aprende.

6
Construcción de Comunidades
Las tres C y el concepto de Conectividad

Antes de que la estrategia de LIFE de construcción de comunidades ni siquiera estaba en mente, nuestro deseo de participar en un negocio propio nos llevó a empezar una empresa independiente de mercadeo. Nosotros batallamos por muchos años, pero adquirimos una experiencia valiosa. Luego, en 1999 dos acontecimientos importantes cambiaron todo. En primer lugar, experimentamos con diferentes estrategias que realmente comenzaron a producir resultados. En segundo lugar, a través de un concepto basado en comercialización, el Internet se convirtió en nuestra base de operaciones. A continuación tuvimos la oportunidad de asistir a un almuerzo en el cual el multimillonario fundador de la corporación de computadoras Dell, Michael Dell, Esa fue la clave.

Habían muchas razones por las cuales estábamos emocionados de asistir a el evento. En primer lugar, Michael Dell es un héroe para casi cualquier persona en el mundo de negocios y es legendario por la construcción de una de las empresas mas grandes del mundo de fabricación de computadoras. Aunque parezca increíble, es una compañía que él comenzó en su dormitorio en la universidad. En segundo lugar, es uno de los hombres más ricos el país. En tercer lugar, es más o menos de nuestra edad (¡uf!). Por último, por

> *Dell había articulado para nosotros las razones exactas por las que nuestro negocio estaba despegando.*

las razones uno, dos, y (sobre todo) tres, sabíamos que había una buena posibilidad de que tenía algo que enseñarnos.

Teníamos razón. En un momento de la presentación, El Sr. Dell mostró una diapositiva que describía el Internet y el futuro de los negocios. Al describir la diapositiva y sus predicciones de la industria, casi nos caímos de nuestras sillas! Sin el señor Dell saber que estábamos presente, Dell había articulado la razón exacta por la cual nuestro negocio estaba despegando. Nosotros salimos del auditorio tan emocionado ese día que podríamos haber caminado las ochenta millas a casa en lugar de conducir! Lo que Dell describió era una idea que podríamos llamar las "Tres C".

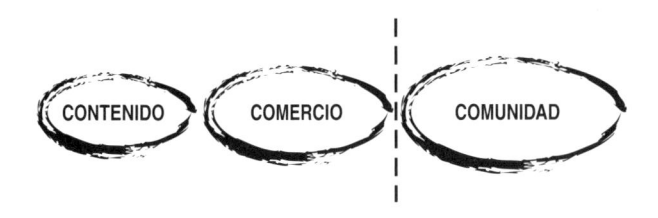

CONTENIDO — COMERCIO — COMUNIDAD

Contenido

La primera "C", como se muestra en el diagrama, significa Contenido. Como se puede ver, la primera es la más pequeña y por lo tanto la menos importante de las tres. Sin embargo, es fundamental para la explicación de Dell. Su base es que el Internet es la moda mas grande de nuestras vidas, y para construir un negocio que no tiene contenido en el internet es una falla grande. ¿Quién quiere construir una industria que esta plana cuando otra tendencia explosiva está disponible? ¿Quién quiere ser atrapado haciendo discos de vinilo cuando existen los discos compactos?

Habíamos pasado años de nuestra juventud aprendiendo los detalles de ingeniería de automoción, preparándonos para una carrera en grandes empresas de automóviles. Pero la industria automotriz, tan emocionante como lo es (y como amamos a los coches), no es una industria con crecimiento explosivo. Cada año en Norte América, el volumen general de nuevos vehículos vendidos es bastantemente constante. Las batallas reales son en el áreas de desarrollo tecnológico y forjar las cuotas de mercado. La industria en en su conjunto es bastante madura. El mundo de Internet, sin embargo,

Involúcrese donde está la acción: en Internet.

Involúcrese donde está la acción: en Internet. es cualquier cosa menos maduro! Piensa al respecto, siempre que tenga éxito compañías nombradas "Yahoo!" usted sabe que la industria es un poco inmadura! Si se tratara de maduras, serian llamadas "Yippee!" o "¡Espléndido!"

Perdone, pero usted entiende el punto! Y tenemos el punto de Dell. de ser involucrados donde esta la acción: El Internet. Dell fue aún más lejos, sin embargo. Aún más importante que ofrecer sus contenidos en el internet, que casi todo el mundo lo hace en estos días, el contenido debía ser de primera clase, distintivo, y eficaz. Venir al mercado con nada menos que lo mejor sería ingenuo. Aquí es donde los productos de LIFE entra en juego, organizado en cada una de las 8 categorías, el negocio de LIFE ofrece productos de primer clase, probados y diseñados para cambiar la vida de las personas. ¿Tienes problemas en tu matrimonio? Inmersete en la categoría de productos para la Familia. ¿Frustrado financieramente y harto de las deudas? Ahora tienes acceso a los productos en la categoría de Finanzas, y así sucesivamente. De audios a videos de entrenamiento, de libros a los eventos, el Negocio de LIFE cubre todo el espectro de lo que es necesario para mejorar la vida de uno. (Para la línea de productos de LIFE, ver el carro de compras en el sitio www.life-leadership-home.com).

Comercio

La segunda "C" es el Comercio. Esto representó las transacciones financieras de productos y servicios, incluyendo el servicio al cliente, garantía de productos, envío, seguimiento, compensación y cumplimiento de pedidos. Dell explicó que no era suficiente solamente tener una presencia en el Internet (Contenido). En la actualidad hay millones y millones de sitios cibernéticos y cualquier persona con un poco de comprensión de computadoras puede crear una pagina en el internet totalmente por su cuenta. (La regla general es que mientras más joven alguien es, más probable que él o ella es capaz de hacerlo!) El punto de Dell es que sólo tener un sitio cibernético no es suficiente. Hay personas totalmente incompetentes por ahí escondidas detrás de un sitio cibernético, tratando de parecer creíble. Es importante contar con "ladrillos y cemento" para apoyar a los "clics y pedidos."

Aún más importante, y tal vez la parte mas importante de tener "Comercio" es la compensación. Para que la compensación sea correcta debe ser justa. Con demasiada frecuencia en el mundo de las empresas el dinero va hacia las personas equivocadas. Una razón por la cual no hay divulgación de ingresos disponibles en la mayoría de las empresas es porque si lo hubiera, si los ingresos de todo el mundo fueran conocidos públicamente, probablemente los empleados empezaran una huelga. Incluso pudieran haber paros cardíacos! Esto es porque la gente sabría que no solamente estaban pagando por el desempeño si no que otros estaban siendo recompensados por tener mas años en la compañía, (Tal vez lo más común), el nepotismo (manteniendo todo en la familia), el favoritismo, y cualquier número de los prejuicios que van desde el racismo, y discriminación por la edad.

Sin embargo con un plan de compensación como el del negocio de LIFE, el pago es estrictamente por rendimiento. El plan de pago esta ciego a la edad, color, o rango o señoría. Sólo recompensa por los resultados. Además, en el mundo empresarial hay un acuerdo general que no esta en escrito que indica que a un empleado se le pagará solo suficiente para impedir que renuncie. Este acuerdo es reconocido por los trabajadores los cuales responden haciendo lo suficiente para evitar ser despedidos! Hablando en serio, todo el mundo sabe que las compensaciones en las empresas son generalmente tacañas las necesidades de la empresa están por delante de la de los empleados. A veces puede ser aún peor en para los dueños de una empresa pequeña, donde el dueño o empresario es el último a quien se les paga, si sobra! Pero con el plan de compensación del negocio de LIFE el pago fluye directamente a la persona que desempeña el trabajo. Y aún mejor, el Plan de pago de LIFE es extremadamente agresivo, ofreciendo el mayor margen de "pago" a la gente que está realmente haciendo que las cosas sucedan. (Para más información sobre el plan de compensación de LIFE visite el sitio www.the-life-business.com y revise la declaración de compensación).

Comunidad

Fue el siguiente círculo o "C" es sinónimo con la Comunidad que nos golpeó como un rayo. En las palabras de Dell: "La etapa final es el desarrollo de una comunidad en el internet." Cualquiera que hace estilos de pelo para ganarse la vida, tiene una clínica dental, o esta en la práctica legal privada ya entiende este concepto, pero para nosotros, fue una revelación. A lo que Dell se refería era a comunidades que era muy similar a la palabra clientela, pero era en realidad mucho, mucho más que eso.

Nosotros como seres humanos somos criaturas de hábito. Nosotros, naturalmente, formamos hábitos que nos permiten hacer las cosas sin pensar en ellas. Por ejemplo cuando va a al supermercado para comprar comida para la semana. A lo largo de tiempo, ¿cuanto tiempo le dedicamos a esta tarea? ¿Examinamos la lista de supermercados locales para ver a cual vamos a ir esa semana? Puede ser. Pero lo más probable es que se sienta cómodo hiendo a un lugar en particular y después de un tiempo sólo ir al mismo cada vez de costumbre. Se podría decir que estamos "habituados" a comprar nuestras provisiones en esa tienda en particular.

Tomemos otro ejemplo. Digamos que es viernes por la noche y usted y su esposo deciden salir a cenar a un restaurante. Ha pasado una larga semana y ya está listo para relajarse, y además, ¿Quién quiere lavar los platos el viernes por la noche? La cuestión es: ¿a dónde va? ¿Va usted a un restaurante nuevo cada vez? Tal vez de vez en cuando. Pero si usted es como la mayoría de nosotros, siempre va a los mismos dos o tres restaurantes "regulares" que tanto le gustan. Esto puede ser de 500 restaurantes en su ciudad, pero siempre termina yendo solamente a los mismos. Muchas veces, incluso tenemos una mesa o sección preferida! Esto se llama estar "habituado" cuando salimos a comer. Vamos a hacer otro ejemplo más. Creciendo en una ciudad de construcción de automóviles en una zona de automóviles, no es de extrañar que casi todos conocemos y amamos los coches. Es común escuchar a alguien decir algo como, "Yo soy un hombre de Chevy, siempre he sido y siempre lo seré. Toda mi familia maneja Chevy. Mi papá era un hombre de Chevy, y su padre antes de él. Supongo que a mis hijos les encante Chevy, también. "Imagínese cuan feliz esta Chevrolet al escuchar tal lealtad. Las empresas usan publicidad, claro, para construir una imagen, o tal vez anuncian la apertura de una nueva tienda o para promover la venta de un artículo o dos, pero principalmente se desarrollan mediante el desarrollo de un grupo de personas que desarrollan el hábito de comprar sus productos o servicios. En efecto, estas compañías trabajan duro para construir un grupo de personas en "habituadas" para comprar sus productos. Dell muy expertamente llamó esto una comunidad.

Imagínate que una gran tienda de departamento abre sus puertas en su ciudad. Los dueños compran una extensión de tierra, cortan todos los árboles, construyen una gran superestructura, preparan un aparcamiento, pintan el edificio y ponen carteles, llenan la tienda con inventario, contratan a dos empleados (es broma), y abren las puertas del negocio. Si se trata de una gran tienda de renombre, probablemente no tiene que hacer mucho más que anunciar su inauguración y los clientes vienen reuniéndose en (suponiendo que la compañía corporativa ha hecho un estudio demográfico adecuado, etc.) Ellos cuentan con el desarrollo en esa zona de una comunidad de clientes fieles, clientes habituados a su tienda. Si pueden conseguir que usted visite y le guste, lo más probable es que usted va a volver una y otra vez. Después de un tiempo, ellos no tendrán que promover la tienda, usted sólo va porque esta tienda ya se ha convertido parte de su comunidad. Así es como funcionan casi todos los negocios. Desarrollan una base de clientes leales que no sólo vuelven una y otra vez, y aun mas, le dice a todos sus amigos.

Todo esto tenía sentido para nosotros. Muchos de ustedes, como dijimos anteriormente, ya están familiarizados con el concepto. Fue lo que explicó Dell a continuación lo que fué la clave de claves. Era básicamente esto: Construyendo comunidades de clientes leales luce muy bien y atractivo en el mundo fisico, pero es extremadamente difícil construir este tipo de lealtad y "habitual" de compra en el Internet. Cualquiera que pudiera darse cuenta de cómo construir una comunidad de compradores leales en un negocio en Internet,

> *Cualquiera que pudiera darse cuenta de cómo construir una comunidad de compradores leales en un negocio en Internet, gobernaría el Internet!*

reynara el Internet!

Estamos parafraseando, claro, pero eso no quiere decir que no Cualquiera que pudiera darse cuenta de cómo construir una comunidad de compradores leales en un negocio en Internet, gobernaría el Internet! queríamos lucir nuestras pequeñas coronas en camino a casa! Al resumir su discurso, Dell dijo, "En lo que aprovecha el poder de Internet en su propio negocio, concéntrese en estas tres áreas clave: la experiencia del cliente, esto proporciona una fundación fuerte y leal; buen contenido, un comercio de alto valor el cual mueve las transacciones en la red cibernética para reducir costos drásticamente; y unir a las comunidades para crear una red con intereses comunes. "Estábamos inmediatamente convencidos, de que Dell había descrito una oportunidad enorme entonces y lo estamos aún más ahora..

Conectividad

Nos gusta pensar que la diferencia entre solo una clientela y una verdadera comunidad como la diferencia entre un grupo de clientes satisfechos y los que están francamente sorprendidos y asombrados. Un grupo es probable que vuelva una y otra vez, pero el otro, la verdadera comunidad, es francamente algo evangélical. Esto significa que no sólo vienen una y otra vez, mas no pueden dejar de decirle a los demás la buena noticia. Una vez más, esto es evidente el mismo entusiasmo de los constructores del negocio de LIFE. Para que usted vea una prueba de esta necesidad sólo asista a uno de los eventos donde se explica el negocio de LIFE o visite la página cibernetica de LIFE www.life-leadership-home.com y haga clic en los testimonios. La personas están "extremadamente" entusiasmadas con los cambios que producen los productos en sus vidas a través de las 8 areas de LIFE las cuales son; la Fe, Familia, Finanzas, Salud, Liderazgo, Libertad, Relaciones y La Felicidad. Ese es el poder de la comunidad!

Con todas las redes sociales en nuestra sociedad es evidente que la gente está anhelando un sentimiento de conexión. Con los crecientes medios de comunicación, con la explosión de información y con la alta tecnología, todo el mundo esta hablando pero parece que nadie esta escuchando. Estamos más conectados, pero al mismo tiempo más desconectados. No conocemos a nuestros vecinos, pero pasamos horas en el internet "hablando" con "amigos". cibernéticos. Hoy mas nunca existe la necesidad del "alto contacto personal" para ir junto con la "alta tecnología". La gente necesita gente reales en sus relaciones reales en tiempo real. Construir comunidades de personas, comunidades reales donde se reúnen y se congregan, compartiendo experiencias y estableciendo relaciones reales, es hoy más importante que nunca. Las personas anhelan este tipo de conexión para ir junto con la gran variedad de medios electrónicos. Aquí es exactamente donde el sistema de equipo brilla. Mucho más que un simple sistema de entrenamiento para ayudar a la gente a construir su negocio de LIFE, el sistema de entrenamiento de LIFE se especializa en unir a la gente en equipos, donde verdaderamente todos juntos logran más.

El Concepto de Puerco Espín

En su libro *(Empresas Que Sobresalen) "Good to Great"*, Jim Collins habla de algo que se llama el concepto de "puerco espin". Es el ápice de todo lo que una empresa hace bien, y es el núcleo de todo lo que se puede lograr. Es la única cosa en la cual tienes el potencial de ser el mejor en el mundo. Después de

Ayudar a las personas a construir comunidades de personas (que ofrecen productos los cuales pueden cambiar las vidas de los necesitados), ayudandolos a desarrollar su capacidad de liderazgo es nuestro concepto de "puerco espin".

escuchar a Dell, sabíamos claramente que estábamos ayudando a la gente a hacer para construir sus negocios estaba exactamente alineado con lo que el estaba enseñando. Ayudar a las personas a construir comunidades de personas (que ofrecen productos de LIFE que cambia las vidas de aquellos que lo necesiten), ayudandoles a desarrollar sus capacidades de liderazgo es nuestro concepto del "puerco espin".

En resumen, el negocio de LIFE proporciona los materiales para cambiar vidas, el plan de compensación para premiar lo desarrolla y ser dueño de su propio negocio, y el sistema de entrenamiento de proporciona la comunidad para unirlo todo. Puede decirse que LIFE, es un deporte de equipo!

7
La Estrategia Maestra
Enfoque LIFE

El éxito es una decisión, y hacer crecer un negocio no es algo que ocurra por accidente. Uno de nuestro dichos favoritos es: "La victoria sólo ocurre por diseño". No existe la suerte. Si así fuera, sería un acrónimo en inglés que dijiera para "Trabajando con el Conocimiento Correcto". William Jennings Bryant dijo: "El destino no es una cuestión de azar, es una cuestión de elección. No es algo que deba esperarse sino algo que debe lograrse".

Algunas personas piensan que si trabajan lo suficientemente duro lograrán el éxito, algo que simplemente no es cierto. Esta falsa noción podría basarse en el dicho común que desafortunadamente sólo es en parte cierto: "el trabajo duro es la clave del éxito". Pensamos que alguien que haya logrado grandes cosas en la vida niegue que se requirió de mucho trabajo duro y esfuerzo en el camino. Sin embargo, el trabajo duro no es la clave sino sólo un componente del éxito. El trabajo inteligente combinado con el trabajo arduo en el proceso es lo que produce resultados.

El trabajo inteligente combinado con el trabajo arduo en el camino es lo que produce resultados

La Victoria por Diseño no significa simplemente que es intencional, como cuando alguien alcanza un objetivo por el que ha estado luchando por mucho tiempo.

También significa que el camino al éxito está planificado y calculado, que todos los esfuerzos hacia la meta se hacen con una intención específica. Tomemos las estatua de David como ejemplo. Se conoce alrededor del mundo como una obra maestra. Miguel Ángel era un escultor maestro que convirtió un trozo de mármol en una de las estatuas más valiosas de todos los tiempos. Sugerir que lo logró mediante el trabajo duro sería totalmente incorrecto. Ciertamente, tomó tiempo y esfuerzo. Esculpir es una tarea física que no es fácil. Sin embargo, no es toda la historia. Porque siempre que alguien piensa que el trabajo duro conduce al éxito, es como sugerir que lo único que Miguel Ángel hizo fue caminar hasta el trozo de mármol y empezar a golpear. Sólo uso su martillo y cincel 4.692 veces, y ¡pam!, ahí estaba el David, ¡parado totalmente desnudo! Cualquiera que duplica ese tipo de esfuerzo debería ser capaz de duplicar los resultados, ¿no es así? Obviamente no. Miguel Ángel tuvo que forzar a la estatua a aparecer de esa piedra. Se convirtió en el David sólo por diseño.

"Un negocio maduro sabe cómo llegó a estar donde está, y lo que debe hacer para ir donde quiere ir".
-Michael Gerber

Si bien es probable que nadie que lea este libro tenga el talento artístico de Miguel Ángel, en el mundo de los negocios podemos aplicar el principio de la Victoria por Diseño para forzar nuestra propia versión de éxito. Lograr algo significativo requiere un plan. Debe haber una estrategia Debe ser específica, enfocada y planificada. Michael Gerber dice: "Un negocio maduro sabe cómo llegó a estar donde está y lo que debe hacer para ir donde quiere ir".

Nuestro desafío más grande al principio es aprender esta lección exacta. Estábamos dispuestos a trabajar duro y lo hicimos. Lo que hizo que consiguiéramos nuestros títulos universitarios y el éxito temprano en América corporativa fue el trabajo duro, pero las cosas no despegaron (y LIFE ni siquiera estaba realmente formada) hasta que aprendimos a unir el trabajo inteligente de la mano al trabajo duro.

Algunos Antecedentes

En un sentido simplificado, las compañías pueden aumentar los ingresos de tres maneras:

1. Aumentando el precio por sus productos y/o servicios
2. Disminuyendo los costos
3. Expandiéndose

Aumentar los precios es muy difícil. En la discusión de Wal-Mart vimos que los clientes quieren precios más bajos, no más altos. Además, si se aumentan los precios, siempre está la competencia dispuesta a cobrar menos y adueñarse de la de ese mercado. Entonces esta no es una opción viable en la mayoría de las situaciones.

Bajar los costos es un objetivo valioso para cualquier compañía. Existen industrias enteras con el solo propósito de ayudar a las empresas a ser más eficientes reduciendo los costos de hacer negocios. El analysis de valor toma los gastos innecesarios del diseño de productos, y las técnicas de fabricación con minimos gastos optimizan el proceso de producción y sus costos. Los consultores y los cursos universitarios se inclinan hacia la reducción de costos; pero aún la reducción de costos es un objetivo obvio, no es fácil, y en muchos casos puede llevarse demasiado lejos. Los clientes no quieren productos de menor calidad y a los empleados no les gusta trabajar por menos. En la mayoría de los casos, si la reducción de costos fuera la única manera en que una compañía pudiera tener mejores resultados financieros, esta estaría paralizada.

De hecho, la expansión es la mejor manera en que una empresa puede hacer más dinero. Noel Tichy y Ram Charan escribieron un libro entero dedicado al tema, llamado *Every Business is a Growth Business (Cada Negocio es un Negocio de Crecimiento)*. Ese título lo dice todo. Al aumentar ingresos, una empresa puede disfrutar mayores economías de escala, puede invertir más en proyectos futuros, y usualmente puede experimentar ganancias más altas. De hecho, los inversionistas más serios concuerdan en que un indicador clave para analizar las compañías es algo llamado "crecimiento proyectado de las ganancias ". No es suficiente saber dónde está una compañía en el momento; lo que es realmente importante es su potencial de crecimiento para el futuro. Michael Gerber dice: "La disposición natural de todo negocio es crecer o contratar". Tichy dice: "La verdadera medida de un líder es si hace los activos bajo su control más valiosos hoy de lo que eran ayer". Eso es crecimiento.

El sistema de entrenamiento de LIFE no es diferente en este sentido. Sabíamos que para ayudar a las personas a desarrollar negocios viables teníamos que ayudarlos a crecer. También aprendimos (eventualmente) que el crecimiento no ocurriría sólo porque estaban trabajando duro. Necesitábamos una estrategia. Necesitábamos un plan de crecimiento específico.

Encontrando las Personas Adecuadas

"Nuestra prioridad más alta era atraer grandes personas... Su éxito se basará en su juicio al construir un gran equipo de personas".
-Ross Perot

James Buchanan Duke, el fundador de American Tobacco Company, que se convirtió en uno de los conglomerados más grandes del mundo dijo: "El capital más valioso de un hombre son los hombres que eligen para trabajar con él". Ross Perot, fundador de EDS y Perot

Systems, dijo: "Nuestra prioridad más alta fue atraer a personas grandiosas. Pasé mucho tiempo reclutando. "Su éxito se basará en su juicio para construir un gran equipo de gente".

Llegamos a la conclusión de que si LIFE iba a permitir a las personas a alcanzar su máximo potencial, tendría que buscar el tipo de personas correctas para que se involucrenNecesitaría encontrar y desarrollar líderes. John Maxwell en el libro *The 21 Irrefutable Laws of Leadership* dice: "Todo se levanta o se cae basado en el liderazgo".

Eventualmente, redujimos a cuatro características que personifican lo que LIFE alienta a que la gente busque en las personas al expander su negocio, buscar gente que sea:

1. Ambiciosa
2. Que este buscando
3. Que sea enseñable y
4. Honesta

Cuando estos cuatro atributos son ciertos de una persona, esa persona es una buena opcion para alguien como un nuevo socio en su de negocio de LIFE.

Lo primero que le enseñamos a la gente es a buscar a alguien que sea "ambicioso." Sin eso, el éxito simplemente no ocurrirá. En su libro, *Made in America*, Sam Walton da una lista de sus 10 reglas para el éxito en los negocios, pero aún antes de empezar la lista dice: "Parece que tengo un par de docenas de cosas que he señalado en un momento u otro como la 'clave' de todo. Una que ni siquiera tengo en mi lista es el 'trabajo duro'. Igual si todavía no sabe eso, o si no está dispuesto a hacerlo, probablemente no vaya tan lejos como para necesitar mi lista". ¡Nos encanta eso! ¡Hablando de alguien que tira al blanco! El trabajo duro no es el único ingrediente en el éxito pero es un pre-requisito. A menudo decimos que los negocios no son para todos, y una de las razones es porque no todas las personas son ambiciosas. Piense en el lugar que usted trabaja. ¿Hay alguien que no calificaría para ser llamado "ambicioso"? Lo sabiamos.

La segunda cosa que le enseñamos a la gente a buscar es alguien que esté "buscando" una vida mejor. Podría ser un mejor salario, más seguridad, una oportunidad para salir de las deudas, más estatus, tiempo con la familia, viajes, juguetes, o sólo la libertad de tener opciones que hoy no están disponibles. Sin embargo, es algo indispensable de que alguien posea el deseo de un mejor futuro. Sin ese deseo, ellos simplemente no están "buscando" y no lo lograrán. De nuevo, puede ver facilmente que esto elimina a algunas personas. Mucha gente es ambiciosa, pero algunos ya están haciendo exactamente lo que quieren hacer. Con la experiencia de hablar a grandes audiencias a través de los años, hemos notado algo interesante: después de un tiempo las cosas llegaron a un promedio. Le hemos pedido a las audiencias en toda la nación que levantaran la mano si renunciarían a sus trabajos actuales si el dinero no fuera un problema. La cantidad de personas que han levantado las manos es consistentemente alrededor del 80 por ciento del público. La mayoría de los restantes harían menos en sus trabajos, pero seguirían un haciendo un poco de acuerdo a sus propias condiciones. Unos pocos muy selectos dicen que aman lo que hacen y por lo tanto lo harían gratis.

La tercera virtud es que alguien debe ser capaz de "ser enseñables". Hay muchas personas que son ambiciosas, y alrededor del ochenta por ciento está buscando mejores oportunidades en la vida, pero perdemos otro grupo cuando decimos que también tienen que poder ser enseñables. Hay gente por la vida a quienes les ha crecido piel en los oídos. No pueden escuchar nada de lo que les digas, especialmente si tienes algo para enseñarles. Saben todo de todo, y hasta saben lo que no saben (simplemente pregúnteles). Si el éxito es como caminar por un campo minado, y la mejor forma de pasarlo es seguir a alguien que lo ha logrado, sería una buena idea escuchar a esa persona. Uno de los dichos favoritos de Orrin es que "Si eres demasiado grande para seguir, eres demasiado pequeño para liderar". Todos necesitan un mentor, y sólo porque alguien ha tenido éxito en otro campo no significa que no tiene nada más que aprender sobre una oportunidad de negocios. Convertirse en un estudiante en lugar de un crítico o sabelotodo es una de las actitudes clave para el éxito. Estas virtudes se aplican en cualquier campo donde las recompensas se basan en los méritos.

El aspecto final es que la persona sea "honesta". Ni deberíamos decir esto, pero nuestra experiencia ha sido que hay muchas personas en el mundo que sufren la enfermedad APN, causada por el fatal virus Algopor-Nada. Toman atajos, tegiversan las cosas y además operan sin integridad. Si bien podemos pensar que pueden avanzar sin ser sinceros, eventualmente la verdad sale a la luz. A largo plazo, siempre la verdad los alcanza. Ser un líder requiere de integridad y carácter. John Morley dijo: "Ningún hombre puede escalar más allá de las limitaciones de su propio carácter."

Formación del Enfoque LIFE

Al principio, antes de haber podido ayudar realmente a la gente a hacer funcionar sus negocios, sabíamos que la meta era desarrollar un crecimiento explosivo, constante y consistente. Nos dimos cuenta de que estábamos ayudando a la gente a buscar personas del calibre que acabamos de describir. El problema era que no sabíamos cómo ayudarlos a encontrarlas. Más precisamente, no teníamos una manera sistemática de ayudar a la gente a encontrarlos.

Habíamos aprendido que sin un sistema no tendríamos nada más que caos y eso es exactamente como se sentía.

El descubrimiento vino cuando nos dimos cuenta de lo distinto que reaccionaba la gente al ver el plande negocios. Básicamente, estas reacciones pueden dividirse en cuatro categorías:

😵 No está buscando

😐 No esta seguro

🙂 Talvez esta buscando

🤑 Buscando seriamente

Nos dimos cuenta de la necesidad de diseñar un sistema que proporcionara algo para cada una de estas categorías. Hasta ese momento, nuestro enfoque estaba dirigido sólo a ayudar a las personas a encontrar súper estrellas del desempeño. Estábamos ignorando que muchos otros entran a los negocios con menos inclinación que esa, Mirando hacia atrás, es sorprendente que hayamos ayudado a alguien a experimentar siquiera una cantidad limitada de éxito. Estábamos intentando meter un puñado de piezas redondas en agujeros cuadrados.

Se trataba de distintos niveles de interés y capacidad. Eventualmente, aprendimos que la gente necesitaba tener un proceso de aprendizaje donde pudieran obtener experiencia y desarrollar el conjunto de habilidades requeridas para construir un negocio. Descubrimos que nadie viene al negocio completamente entrenado. Seguro que tienen habilidades y talentos pero las capacidades fundamentales aun deben ser desarrolladas. Para lograr esto, LIFE se concentra en ayudar a las personas a aprender a "enseñar con el ejemplo". Las grabaciones de audio y los libros desarrollan la teoría, las reuniones brindan capacitación de primera mano, pero el aprendizaje con manos a la obra es lo que cierra el círculo. Una vez que alguien desarrolla las capacidades básicas, entonces es más capaz de sobresalir y tomar el papel de liderazgo en el desarrollo de su negocio.

Estas ideas se equiparan con el concepto de profundidad en el que las personas trabajan juntas para construir equipos de dueños de negocios. Todo se basa en las relaciones, y podría describirse de manera justa con el término de Dell "Mercadeo de Relación Directa". Su interconectividad también proporciona algunos de los beneficios dela franquicias.

Para ver por qué atender a diferentes niveles de interés y centrarse en la creación de equipos como un proceso de aprendizaje es tan eficaz, miremos una vez más las cuatro reacciones de las personas a el plan de negocios de LIFE. Es obvio que la reacción de cada persona requiere un procedimiento de inicio diferente. Ellos pueden afiliarse con el negocio de LIFE, mas pueden tomar rumbos diferentes. Sus niveles de actividad y capacitación coinciden específicamente con su grado de interés, pero todos llegan a trabajar como parte de un equipo. Este le da a cada uno de ellos la oportunidad de aprender e involucrarse y experimentar algo de progreso, pero simultáneamente les permite la participación a su propio ritmo. Antes de descubrir esto, el único tipo de persona para la que teníamos un programa era el que se muestra último en nuestra ilustración; el más comprometido y ansioso. Ahora hay lugar para todos. En este sistema, ¡no hay algopor-nada, pero hay algo para todos!

Hurgar más profundamente en los detalles de construir profundidad y brindar un proceso de aprendizaje está más allá del alcance de este libro, pero basta con decir que los resultados han sido convincentes. Hemos aprendido, y continuamos aprendiendo, el viejo axioma que "los individuos pueden prosperar, pero los equipos pueden explotar".

8
Creando Volumen
Los clientes y las subscripciones

Empezar cualquier negocio es todo un proceso. La *información* del sistema de capacitación de LIFE provee a los nuevos miembros de LIFE con los principios e informacion especifica acerca de su nuevo negocio, responde las perguntas y lo pone en camino al exito. Pero la información en sí misma solo lo puede hasta un punto. Lo que se necesita en adicion para reforzar esa información es el progreso. Aprender algo nuevo es una cosa, verlo demostrado es realmente otra. El progreso logra eso. La estrategia maestra de la que hablamos en el Capítulo 7, Enfoque LIFE, brinda el *progreso* que muestra al nuevo miembro de LIFE que el negocio funciona y ¡que el o ella puede lograrlo! Aun así, existen más refuerzos disponibles, y eso es generar ingresos. La información es grandiosa, el progreso es grandioso pero el *ingreso* completa la imagen. Después de todo, la medida de un negocio es lo bien que puede generar ingresos para su dueño, y algunos negocios son más rentables que otros. El diagrama se ve así:

INFORMACIÓN, PROGRESO, INGRESO
EMOCIÓN Y CREENCIA

Tanto el aprendizaje como el progreso continuarán a medida que crescan los ingresos, lo que luego conducirá a más aprendizaje y más progreso, y luego a aún más ingreso, el diagrama podría representarse más precisamente como mostramos a continuación:

Convirtiéndose en su Propio Mejor Cliente

Cuando se trata de generar de ingresos, el punto clave de recordarse es que cuando existe el flujo de productos existe el flujo de dinero. Aquellos que aprendan cómo generar un gran movimiento de productos de LIFE los cuales cambianlas vidas de aquellas personas que lo necesitan, va a tener un camino muy prospero en el desarrollo de un gran ingreso a través del negocio de LIFE. Y la mejor manera de convencer a otros de la viabilidad de los productos de LIFE para mejorar sus vidas es estar convencido por sí mismo. Abraham Lincoln fue citado diciendo, "El ejemplo no es algo másmuy importante para influir a otras personas, es lo único. "experto en liderazgo John Maxwell escribió: "El don más valioso que un líder puede dar es ser un buen ejemplo".

El testimonio personal es una de las más poderosas formas de publicidad, como ya hemos discutido. Piense en la última película que fue a ver al cine. ¿Fue a verla a causa de un anuncio? ¿O es más probable que usted arriesgó su tiempo y dinero para verla por la recomendación de alguien, tal vez un amigo de confianza o un familiar? Esto se llama mercadeo de persona-a-persona, y no importa la sofisticación de la tecnología en el mundo, el testimonio personal sigue siendo una de las formas más eficaces de publicidad. En las estrategias de las relaciones en el mercadeo, el testimonio Personal se ha convertido en una fuerza poderosa en la construcción de una clientela permanente de clientes leales. La estrategia es encontrar y satisfacer un grupo de clientes consistentemente, que, por supuesto, están tan emocionados con los productos que usted les proporciona (enviados a su puerta automáticamente sin ninguna "inconveniencia" para usted) que se los recomiendan a todo el mundo. Esta es la base del tipo de negocios más saludable y lucrativo del mundo.

> *En las estrategias de las relaciones en el mercadeo, el testimonio Personal se ha convertido en una fuerza poderosa en la construcción de una clientela permanente de clientes leales.*

Cuando se trata de ser dueño de una empresa que hace dinero al mover información a través de una comunidad, es sólo lógico entonces que el ejemplo de la vida del miembro sea una gran parte de su éxito con los clientes. Lo que estamos hablando aquí es de convertirse en un experto en todos los productos de LIFE. La mejor manera de hacer esto es ser un fiel consumidor de los productos usted mismo. Convirtiéndose en su propio mejor cliente aumentará su entusiasmo, experiencia, y la experiencia con el producto y le será mucho más fácil representarlos a los clientes. Cuando alguien está teniendo dificultades en su matrimonio, usted puede saber exactamente qué paquete de audios le puede recomendar. Del mismo modo, cuando alguien está sufriendo financieramente, usted estará familiarizado con los mejores productos de LIFE para su situación en particular. Lo mismo es válido para cualquiera de las 8 áreas de LIFE. Para que un propietario de negocio maximice su éxito, la utilización de sus propios productos regularmente es la única manera de empezar!

Desarrollo de Clientela

Uno no está en el negocio, si lo único que uno hace es utilizar el producto para su propio consumo. Para crear dinero, un negocio solido debe encontrar, atraer, y mantener clientes, los cuales compran productos a pesar de que no tengan interés en el negocio el cual promueve los productos.

La mejor manera de generar beneficios al por menor, ingreso rapido y volumen es establecer una base de cliente sólida. Esto será probablemente se basara en dos cosas las ventas de una sola vez y los clientes suscritos. Una vez más, la mejor manera de comenzar este proceso es estar familiarizado con los productos y tener suficiente a su disposición para mostrar y vender. El propietario de un negocio que no tiene productos a mano para vender ya está fuera del negocio! Cuando un propietario de negocios les muestra sus productos a los posibles compradores, esto genera conversaciones, contactos y ventas.

Algunas personas se ponen nerviosas cuando les mencionan la palabra "ventas". Con LIFE, el compartir del producto es todo lo necesario para determinar si alguien está interesado en la compra de algunos de ellos. Los CDs son muy divertidos, los libros son divertidos e interesante, y los eventos son una maravilla – todo esto además de ser extremadamente relevantes para vivir una vida mejor. Así que las "ventas" son a menudo el resultado de prestarle a alguien un CD, un libro o llevarlos a un evento, y precisamente en este momento es cuando se deciden a comprar materiales o suscribirse a ellos por sí mismos. Es así de fácil. Nosotros nos encontramos en la Era de la Informática, y lo único que tiene que hacer el miembro de LIFE es el facilitar la información pertinente a aquellas que personas que la necesiten.

Suscripciones

Lo que nos lleva a un punto muy importante. El pan y la mantequilla de las ofertas de productos son las suscripciones. Al momento de escribir estas líneas, LIFE ofrece tres distintas suscripciones:

1. La serie de LIFE dedicada a las 8 categorías
2. La serie LLR (Lanzamiento de una Revolución de Liderazgo) dedicada a ayudar a las personas a crecer en su capacidad de liderazgo
3. El (All Grace Outreach) Serie de AGO dedicada a ayudar a las personas a crecer espiritualmente

Los clientes (y ciertamente los miembros) pueden suscribirse a cualquiera de estas series, a todas ellas, o cualesquier duo en combinación. A travez de conectar a los clientes en la suscripción adecuada el miembro de LIFE está empezando un proceso que probablemente traerá cambio drástico a la vida del cliente mucho mas aun que un simple CD o un libro podría lograr. Con el poder de un suministro continuo de la verdad infinita, el cliente puede encontrar refuerzo a largo tiempo una de las estrategias clave para un cambio personal perdurable. Nunca subestimes el poder de la repetición para lograr un cambio en la vida de alguien de hecho, es uno de los únicos métodos que realmente es efectivo.

La otra ventaja de las subscripciones, es que el volumen de cliente es constante y permanente. Se puede construir un negocio con flujo de productos que crece con el tiempo. Todo miembro profesional de LIFE toma las subscripciones como su estrategia clave de negocios, subscribiéndose ellos mismos y ayudando a sus clientes a hacer lo mismo.

3 para 1 Gratis

Mientras que los beneficios de estar en una subscripción son para ambos miembros y clientes de LIFE, hay otro programa emocionante disponible tanto para los clientes como para los miembros. Esto le permite al cliente para ayudarle al miembro en la construcción de su negocio de LIFE. He aquí cómo funciona:

> Con forme un cliente o miembro se subscribe a uno, dos o tres de los paquetes listados anteriormente, A el o ella se le da el incentivo para atraer otros clientes los cuales hacen lo mismo. Una vez que el cliente o miembro inscriba a tres o más clientes en subscripciones de igual o mayor valor, su suscripción será gratis el siguiente mes.

Este es un hermoso programa, tanto para los clientes como para los Miembros de LIFE, porque el cliente obtiene un descuento del 100% y el miembro de LIFE empieza un crecimiento en el volumen sin tener que hacerlo él mismo. (Por favor, consulte el sitio de LIFE www. the-life-business.com para más información sobre el programa de 3 para 1 gratis).

9
Concentrarse en el Éxito
La Revolución del Liderazgo

Operar en la intersección de cuatro tendencias emocionantes coloca a la gente en una posición para ganar. Descubrir una estrategia maestra que funcionó fue la inercia que empezó a mover el tren. Operar en uno de los mercados de consumo más explosivos con productos de primer clase proporcionó un impulso masivo. Pero el tren todavía necesita rieles para moverse. Hasta Dell dijo: "Un modelo de negocios brillante por sí solo no crea una ventaja sustentable". Sabíamos que no habría nada es gratis. Teníamos que aprender a ayudar a la gente a manejar esto. También teníamos que ser buenos para desarrollar a otros que pudieran hacer lo mismo. No era suficiente que nosotros nos convirtiéramos en líderes. Ni siquiera sería suficiente aprender a desarrollar a otros líderes. Para crecer a la velocidad de nuestro potencial, necesitaríamos desarrollar líderes que fueran capaces de desarrollar otros líderes. Esto es lo que Jim Collins en el libro *Good to Great* llama "Liderazgo de Nivel 5" y escribe todo un libro para mostrar lo crucial que es convertirse no sólo en un "buen" negocio sino en uno "grandioso".

Con el fin de aprovechar el potencial del negocio de LIFE y el impacto que se puede tener en las vidas de las personas, necesitamos crear un crecimiento ma-

> *"Un modelo de negocios brillante por sí solo no crea una ventaja sustentable."*
> -Michael Dell

sivo en el área del liderazgo. Aunque hemos estado hablando acerca de héroes de negocio a lo largo de este libro como Walton, Dell y Kroc, estos hombres no lo hicieron solos. De hecho, todos ellos hacen grandes esfuerzos para explicar que tenían ayuda de primer clase como un factor importante en su éxito. La historia de LIFE no es la excepción. Sabemos que mientras perseguimos nuestra visión hacia el futuro, va a ser necesario ayudar a las personas a desarrollar aún más su talento en el "Desarrollo de liderazgo." Esto es lo que llamamos La "Revolución de Liderazgo" la fuerza que impulsa el negocio de LIFE.

Visión

La visión es la realidad del mañana expresada como una idea hoy. "Sin una visión, la gente perecerá" dice la Biblia. "Si La visión es la realidad de mañana expresada como una idea hoy. no apunta a nada, pegará con una precisión sorprendente" dice otro dicho. "Muchos tienen vista, pero sólo algunos tienen visión." "Todos terminan en un lugar en la vida, pero algunas personas terminan en algún lugar a propósito". En *Visioneering* Andy Stanley describe la culminación de una de las visiones más revolucionarias del mundo:

La visión es la realidad de mañana expresada como una idea hoy.

"El 17 de diciembre de 1903, a las 10:35 a.m., Orville Wright aseguró su lugar en la historia al ejecutar el primer vuelo con energía y sostenido del nivel del suelo. Durante 12 segundos que desafiaron la gravedad voló 120 pies a lo largo de las dunas de la costa norte de Carolina del Norte.

En el campo de la aviación, ese evento histórico representa el comienzo. Pero para Orville y Wilbur Wright, fue el final de un largo y tedioso viaje. Un viaje iniciado por un sueño común para todo niño pequeño – el deseo de volar. Pero el que la mayoría de los niños abandonan en el dominio de la fantasía, Orville y Wilbur Wright lo tomaron como una posible realidad. Ellos creían que podían volar. Más que eso, creían que debían volar."

Lo que los hermanos Wright lograron esa mañana no fue el resultado de la suerte o el azar o de estar en el lugar justo en el momento justo. Fue el resultado directo de una visión que buscaron desde que eran pequeños jugando con juguetes de papel. Stanley dice que las visiones evocan pasión, proporcionan motivación, dan una dirección clara, y desarrollan un propósito.

Es bien sabido que tener una visión clara es fundamental para un buen liderazgo. La visión de LIFE es ayudar a un millón de personas a tener su propio negocio. y cambiar la forma en que se realiza el mercadeo de información en el mundo para el beneficio del miembro y el consumidor. Es más, cada miembro desarrolla su propia visión hacia dónde su negocio puede llevarlo en la vida. Como un equipo, no podríamos estar más de acuerdo con el proverbio chino que dice:

Si su visión es para un año, plante trigo.
Si su visión es para diez años, plante árboles.
Si su visión es para una vida, plante personas.

Misión

Los verdaderos líderes están motivados por mucho más que dinero o recompensas materiales. En algún punto, tiene que convertirse en una pasión. La misión de LIFE es ayudar a las personas a "Divertirse, Hacer

Dinero, y Hacer la Diferencia".

Empecemos con "Divertirse". Nunca hemos sido de tomarnos a nosotros mismos demasiado en serio. De hecho, una vez Chris tenía un cartel en su escritorio en el trabajo que decía, "Tómese todo seriamente excepto a usted mismo". Todavía nos gusta eso. Seamos realistas, demasiada gente está involucrada en carreras donde podrá irles bien financieramente, pero no pueden soportar lo que hacen. En LIFE, queremos estar seguros de empezar ayudando a la gente a disfrutar el viaje. Como dice Bill George, ex presidente y CEO de Medtronic, la empresa líder mundial en tecnología médica: "El viaje en si es el mensaje". Usted tambien puede disfrutarlo.

Segundo, "Hacer Dinero". Aunque los negocios pueden ser muy divertidos, no queremos detenernos en la diversión. LIFE es una oportunidad única de recompensas financieras.

El dinero es el indicador de un negocio; es el marcador o la boleta de calificaciones. La manera en que está estructurado el plan de compensación de LIFE, el dinero se convierte en el resultado directo de servir a otras personas. Cuanto más sirve, más merece. No promovemos ni aprobamos la búsqueda de dinero sólo por las trampas del materialismo, pero sí nos emocionan las buenas cosas que el dinero puede hacer en las manos de la buena gente. Hay muchas recompensas financieras por ganar con la construcción adecuada del negocio de LIFE. Algunos elegirían pagar sus deudas, retirarse temprano de sus trabajos, que sus esposas se queden en casa para criar a los pequeños, comprar autos y viajes especiales para padres y abuelos, y enviar a los suegros en cruceros lentísimos alrededor del mundo.

Sí, hay dinero para ganar en el negocio y es divertido cuando empieza a llegar, pero después de un tiempo, el dinero pierde su sabor. Una vez que sale de las deudas, acumula algunos juguetes y una linda casa, y en realidad empieza a buscar con más profundidad (si o es que ya lo había empezado a hacerlo). Allí es donde entra la tercera parte de la misión, "Hacer la Diferencia". La misión de LIFE incluye el deseo de tener un impacto positivo en las vidas de las personas, y al hacerlo, ayudar a la gente a lograr el éxito que trasciende los logros materiales y conduce a la significancia. Cada vez que La misión de LIFE incluye el deseo de tener un impacto positivo en la vida de las personas, y al hacerlo, lograr el éxito trasciende los logros materiales y conduce a un miembro de LIFE le ofrece una oportunidad a una persona, y de esa manera le ofrece esperanza, le está abriendo una puerta para tener un impacto positivo en la vida de esa persona. Al asociarse y liderar, pueden dar frutos. Ayudar a las personas a ayudar a otros: eso es hacer la diferencia una persona a la vez.

> *La misión de Team incluye el deseo de tener un impacto positivo en la vida de las personas, y al hacerlo, lograr el éxito trasciende los logros materiales y conduce a la significancia.*

Nunca antes habíamos tenido la oportunidad de "Divertirnos, Hacer Dinero y Hacer la Diferencia" simultáneamente. ¿En qué otro caso podríamos divertirnos tanto, hacer este tipo de dinero y ver un impacto tan positivo en la vida de la gente diariamente? Puede existir en el mundo, y quizás lo experimente en su vida laboral ahora mismo, pero lo que muchos han descubierto es que, para ellos, sólo pudieron encontrar a través de participar en el negocio de LIFE.

Propósito

Tener una visión y una misión para hacer esa visión realidad no es nada si no está impulsado por un propósito. Esto es liderar con el corazón. Bill George dice: "Cuando [la gente tiene] un propósito más profundo, sus resultados superarán vastamente aquellos de los que sólo usan sus mentes y sus cuerpos". Antes de que su liderazgo tuviera un propósito, George dijo que sus habilidades "se chocaron con una pared". Seguro, estaba liderando, pero el propósito de mis esfuerzos no estaba para nada claro. ¿A dónde estaba conduciendo mi liderazgo?"

Kevin y Jackie Freiberg, en su libro Nuts! Escrito sobre Southwest Airlines, la aerolínea más consistentemente rentable del país, dijeron: "La gente se siente atraída por Southwest Airlines porque, intuitivamente o por otra razón, quieren ser parte de una causa que les da un sentido de significado y significancia; quieren pertenecer a algo más grande que ellos mismos. Ron Ricks, el vicepresidente de asuntos gubernamentales de Southwest, a menudo invoca un slogan cercano al corazón de la gente de Southwest: No es un trabajo, es una cruzada". Una de las afirmaciones más citadas de LIFE es que "Esta es nuestra oportunidad de hacer algo especial."

El propósito de LIFE es hacer la diferencia en la cultura y en la vida de los clientes de LIFE. Noel Tichy dijo: "Debemos tener líderes de primer clase con integridad inquebrantable que transformen sus organizaciones y desarrollen una nueva generación de líderes. Sin este liderazgo, nuestra sociedad de libre empresa está obstaculizada." Muchos de los apoyos de la libre empresa y el derecho de construir un negocio y lograr generar ganacias están bajo ataque en nuestra sociedad con mentalidad de subsidio. Hay fisuras en los cimientos de nuestra libertad que los padres fundadores no desearon o no previeron. Hay rasgaduras en la tela del carácter de nuestra nación que si se dejan sin reparar, amenazan nuestras libertades in-

---

"Debemos tener líderes de clase mundial con integridad inquebrantable que transformen sus organizaciones y desarrollen una nueva generación de líderes. Sin este liderazgo, nuestra sociedad de libre empresa está obstaculizada."

-Noel Tichy

dividuales. Charles Crismier dijo: "Estados Unidos ha alcanzado un punto donde se permite casi todo y no se defiende casi nada". Al alzar ejemplo tras ejemplo de éxito de negocios para gente de todas las edades, razas, género, y clasificaciones sociales, podemos hacer una fuerte declaración a favor del poder del individuo y de la capacidad de los grupos de personas trabajando en equipo. Al contribuir al bienestar de nuestro sistema económico, conservamos las libertades que hemos disfrutado para aquellos que estan por venir. No sólo se trata de ganar y tener logros, sino también de dar. Como dijo Albert Schweitzer: "Nos ganamos la vida con lo que conseguimos, pero hacemos una vida con lo que damos".

Sueños

En el cuento *Alicia en el País de las Maravillas*, Alicia llega a una bifurcación en el camino y le pregunta a un gato en un árbol cercano que camino debe tomar. Cuando el gato le pregunta: "¿Sabes dónde quieres ir?" Alicia le responde: "No." A lo que el gato dice: "Entonces cualquier camino te llevará allí".

Sin una visión, una misión, y un propósito, el liderazgo es hueco y de corta duración. Pero igual de importante, y en especial para individuos, los sueños de un futuro mejor son críticamente necesarios. Recordamos oír que los "hechos no cuentan si tiene un sueño suficientemente grande" y pensar que hablar así pertenecía al mundo de la fantasía. Después de todo, éramos de América corporativa; nadie habla de "sueños". Podría hablar de metas u objetivos, ¿pero de sueños? Vamos.

John Eldredge, el autor de *Wild at Heart*, dice que dentro de cada hombre hay un deseo ardiente de tres cosas:

1. Una batalla que luchar
2. Una aventura que vivir
3. Una belleza que ganar

En nuestra experiencia, el término "sueño" incorpora estos tres preceptos en uno.

¿Qué quiere decir con una "batalla que luchar?" ¿Acaso, no estamos hablando de negocios? Por supuesto, pero cualquiera que haya perseguido algo con todas sus fuerzas, que ha intentado crear un negocio exitoso y que ha cambiado su situación financiera radicalmente, no tiene que buscar mucho para ver las similitudes a una batalla. De hecho, George Eastman, el fundador de Eastman Kodak Co. dijo: "La paz... se extiende sólo a la vida privada. En los negocios estamos en Guerra todo el tiempo". Nos gusto eso.

La razón por la que construir un negocio o buscar una carrera o cualquier cosa de ese tipo es que el status quo está firmemente plantado. A LIFE le gusta decir: "Las metas son asaltos planificados encontra del status quo." Nada ocurre automáticamente, uno tiene que esforzarse, y tiene que pelear a su modo para llegar allí. Es porque el status quo, "sobreviviendo", seguir haciendo lo mismo y conseguir los mismos resultados, no requiere nada de usted. Avanzar, crecer, mejorar, crear requiere un cambio y un crecimiento. Uno debe salir de su zona de comodidad y correr contra la corriente. Eso lleva esfuerzo. Es una lucha. Sin embargo, como cualquier otro desafío que valga la pena, es una lucha que trae grandes recompensas. Esas recompensas son lo que llamamos "sueños".

"Las metas son asaltos planificados en el status quo."

Para construir un negocio que se concentra en ayudar a la gente a lograr sus metas y sueños financieros en la vida es una recompensa especial en sí misma. Pero no es fácil, ni automático, ni se consigue de la noche a la mañana. Es por eso que los sueños son tan importantes. El atractivo de un futuro mejor y las recompensas de los logros son necesarios para que nos sacarnos adelante en la batalla.

En todo el viaje hasta ahora hemos estado impulsados por los sueños. Queríamos casas mejores, autos más lindos. Queríamos salir de las deudas. Queríamos flexibilidad en nuestros calendarios y estar a cargo de cuánto ganaríamos. Queríamos que nuestras esposas tuvieran la opción de quedarse en casa con los niños. Queríamos dar más a la iglesia y a organizaciones de caridad como el Proyecto M.O.R.E. y dejar un legado financiero que nos sobreviviera. Queríamos sacarnos de encima al "mono del dinero". Estos son sueños; probablemente similares a los sueños de la mayoría de las personas ambiciosas. Sueños como estos se necesitan para dar combustible a un negocio para llegar a niveles más y más altos. Para que alguien lo logre, también necesitará estar impulsado por los sueños.

Sin embargo, no todos los sueños son sueños materiales. El segundo aspecto sobre el que escribe Eldredge es "una aventura que vivir". ¿Quién no quiere tener una vida de aventura? ¿A quién no le gusta ver y experimentar cosas nuevas, desarrollar nuevas relaciones y descubrir y aprender cosas con las que no estaba familiarizado? ¿A quién no le gustaría empezar a practicar golf o aprender a navegar o ir de campamento por primera vez o tomar lecciones de vuelo? Probar nuevas comidas, ver lugares desconocidos, escuchar nuevos sonidos y ver lugares nuevos es muy gratificante y estimulante; se vuelve parte del "sabor de la vida". El deseo de tener alguna aventura en su vida es otro tipo de sueño, lo que podría llamarse un "sueño de acción" o un sueño para "experimentar". Paradójicamente, la misma construcción del negocio en sí puede convertirse en una aventura. Lo que comienza como un medio para alcanzar sus sueños ¡puede transformarse en actividad que se hace parte del

CONCENTRARSE EN EL ÉXITO

sueño. . Que mejor recompensa. Podemos pensar que no hay aventura mas grande para vivir que la creación de algo que importa. Cada miembro de LIFE gasta energía esforzándose a desarrollar su negocio esta viviendo una aventura.

El tercer componente del sueño, tener "una belleza que ganar" Eldredge se refiere a tener un compañía para toda la vida. Dejando aun lado el aspecto romántico, creemos que es un deseo profundo de la gente el ser apreciado y ser parte de las vidas de personas que importan. Es el concepto de conexión que hemos estado discutiendo en este libro. Queremos la aprobación de aquellas personas que respetamos. Queremos saber que somos importantes y que merecemos su reconocimiento.

Al ayudar a las personas afiliadas con LIFE, uno de los sueños más importantes que se ha vuelto realidad y continúa siéndolo diariamente es algo llamado camaradería. Estos últimos años, hemos sido bendecidos al asociarnos con líderes que son incomparables. Relaciones con gente de calidad y profundas amistades que se forjan para toda la vida. Tener un propósito común en la vida, luchar por grandes logros uno al lado del otro, y construir relaciones con lazos duraderos en el camino, ha sido uno de nuestros sueños más grandes hechos realidad. Cualquiera que aspire a tener logros en LIFE opera en un ambiente positive de apoyo y aliento, en el que nacerán algunas de las amistades más profundas y duradcras. Este es el tipo de cosas que suceden cuando la gente se involucra en una batalla por la grandeza, juntos.

"Los líderes encuentran una manera de ganar. Los líderes victoriosos comparten la inhabilidad de aceptar la derrota".
-John Maxwell

Entonces ya sea que los sueños son de naturaleza material, o de aventura o camaradería, en el negocio de LIFE nos especializamos en capacitar a las personas para que los hagan realidad. Como hemos escuchado: "Tienes que tener un sueño para que el sueño se vuelva realidad". Sí, Alicia, ¡tienes que saber dónde vas!

Compromiso

El ingrediente final de la receta es el compromiso. Goethe dijo: "El momento en el que uno se compromete definitivamente también se mueve la providencia. Ocurren todo tipo de cosas que ayudan que de otra manera jamás hubieran sucedido... Lo que sea que pueda hacer o soñar que puede hacer, lo puede empezar. La Audacia tiene genio, poder y magia en élla". El compromiso allana el camino y pone los logros en enfoque. Lo llamamos estar "estar en la zona". John Maxwell dice: "Los líderes encuentran una manera de ganar. Los líderes victoriosos comparten la inhabilidad de aceptar la derrota".

Nuestra experiencia ha sido que muchas personas hacen sólo lo suficiente. Van parte del camino, pero no llegan hasta el final. Realizarán unos pocos pasos iniciales, pero no completan las cosas. Es mucho más fácil encontrar "iniciadores" que "terminadores". Parece que estamos en un continente compuesto de iniciadores, pero los terminadores son escasos. Normalmente el éxito no es complicado. Usualmente se trata de sostenerse más tiempo después de que todos los demás ya se han rendido.

Hay una leyenda famosa sobre un minero de oro que excavó el lado de una montaña por 20 años. Excavó cientos de huecos, pero después de penetrar un corto trecho empezaba de nuevo en otro lugar. Cada vez, les decía a sus amigos que estaba a punto de encontrar todo lo que quería. A medida que envejecía, se frustraba, finalmente murió sin un centavo, y nunca encontró nada importante. Después de su muerte, el grupo que logró ingresar a la montaña continuó excavando las aperturas que él había iniciado, y dentro del plazo de semanas encontró uno de las venas de oro más grandes descubiertas en América del Norte hasta hoy. El detalle más triste de la historia es que sólo tuvieron que excavar tres pies más. ¡Sólo tres pies más!

Vemos gente que ingresa al mundo de los negocios todo el tiempo. Trabajan un poco, se aplican un poco, y luego pasan a otra cosa justo antes de que pudieran experimentar el progreso. Normalmente, la gente sólo se distrae. Uno de los objetivos de los productos de LIFE y del sistema de capacitación es proporcionar información constante a la gente para que pueda mantenerse en el curso y permanecer concentrada. Es sorprendente lo poco que se requiere para distraer a algunas personas. ¿Alguna vez ha mirado un grupo de niños de cinco años jugar T-ball? Los ponen en el campo, incluyendo seis u ocho jardineros. Empieza el juego, y para el tiempo en que se le pega a la primera bola (a dos pies más o menos), la mitad de los niños corren detrás de las mariposas, levantando lombrices del suelo o acostados en el piso buscando imágenes en las nubes. Es gracioso, pero vemos adultos actuar como ellos en sus negocios. Las cosas van bien y de repente alguna cosa minúscula en la vida los distrae. H. Ross Perot dice: "La mayoría de nosotros nos rendimos en el primer obstáculo". Abraham Lincoln dijo: "Siempre tenga en mente que su propia resolución de éxito es más importante que cualquier otra cosa".

Nuestro sistema de capacitación y proceso de mentoring está diseñado para construir el compromiso y ayudar a las personas a mantener la concentración a medida que construyen su negocio.

El compromiso significa que la victoria es la única opción. El éxito requiere concentración. La concentración viene de tener una Nuestro sistema de capacitación y proceso de mentoring está diseñado para construir el compromiso y ayudar a las personas a mantener la concentración a medida que construyen su negocio. visión y una misión, vivir con un propósito y perseguir sueños y objetivos que valen la pena. Los productos de LIFE y el sistema de capacitación de LIFE está diseñado para construir el compromiso y ayudar a las personas a mantener la concentración a medida que con struyen su negocio. El negocio de LIFE no requiere talentos o virtudes especiales de nacimiento. Todo lo que se requiere se basa en habilidades. Las habilidades pueden aprenderse. Pero también tienen que aplicarse. El éxito vendrá para aquellos que se comprometan y sigan en el camino. Y muchas veces, ¡son sólo tres pies más!

Finalmente, LIFE trata de involucrar a las personas en una oportunidad de hacer la diferencia. Una de nuestras citas favoritas dice:

"El liderazgo es la práctica de ayudar a la gente a ver y luego contribuir a dejar un mundo mejor que el que encontramos."

10
Nadar contra la Corriente
Soñar, Luchar, Victoria

Maury Klein en su libro, *Los Hacedores de Cambios*, dijo "El Proceso de descubrimiento debe siempre nadar contra la marea poderosa de la sabiduría convencional". Nos sorprendió la reacción de la gente cuando nos decidimos a dejar nuestros puestos corporativos para construyir negocios a tiempo completo. Nos habíamos preparado financieramente y los negocios y los ingresos estaban creciendo, fue una jugada financiera calculada. Nunca recomendariamos a nadie a poner en riesgo sus ingresos actuales porque están emocionados por lo que pueden lograr en el negocio de LIFE. Más bien, lo que enseñamos es "gánese la forma de salir". Haga crecer su negocio de LIFE, produzca dinero, salga de deudas y luego considere otras alternativas. Tomamos nuestros propios consejos, claro y estábamos preparados. Pero esto no acalló a los escépticos. "¿Que es lo que están haciendo? ¿Están seguros? Odiaríamos verlos caer. ¿Y qué, con todos sus títulos universitarios?"

Estas eran en muchos casos, preocupaciones sinceras. Pero la gente simplemente no entendía. Ellos no veían lo que veíamos nosotros. En el capitulo anterior, hablamos de tener un sueño y el propósito que los llevará a que su negocio de LIFE crezca. Nos gusta la analogía del perro que corre en el patio que ve una ardilla en el suelo. Cualquier perro normal arrancaría con todo el alma para agarrar a la ardilla. Imagínense

la escena: El pequeño salta a correr con sus ruedas girando, levantando pasto hacia atrás, mientras se dirige a la ardilla con su precisión láser, la ardilla ve el peligro y corre con desesperación al árbol más cercano. Spike cambia de dirección, despide un gruñido bravucón y sigue su arremetida. La persecución se acelera, ya que la ardilla ve sellado su destino al entreponerse entre el canino y el árbol y cambia de dirección en ángulo recto antes que Spike pueda frenar. Spike se estrella contra el árbol, rebota, vuelve a soltar un gruñido y se abalanza hacia la ardilla, que ahora busca el poste del teléfono. Detengamono en esta escena en este momento. Cualquiera que lea esto probablemente ha sido testigo de una escena similar. Viendo el desarrollo, el comportamiento de Spike no es un gran misterio, todo el mundo sabe que a los perros les gusta perseguir a las ardillas. ("¿Por qué?" esa es otra pregunta. Quizás la especie de las ardillas le hizo algo impensable a una manada de Chihuahuas en un tiempo muy lejano. No lo sabemos.) El asunto es que el comportamiento del perro se explica al ver a la ardilla. Ahora imagínense si quitáramos la ardilla y se repitiera la escena. Spike corre por todo el jardín persiguiendo y gruñéndole a nadie. Mucha gente construyendo el su negocio de LIFE, terminan entendiendo que están persiguiendo algo que los demás simplemente no pueden ver. Claro, se ven medio locos a los ojos de los demás porque no ven la ardilla.
¡Ellos no pueden ver qué es lo que se persigue!

Esperen Resistencia

El aprender a esperar resistencia es una lección importante. Cuando se decide a lanzarse y buscar el éxito en cualquier asunto, siempre habrá criticos. Habrá personas que dudarán de lo que usted hace. De hecho la resistencia negativa será inversamente proporcionar al tamaño de la tarea: entre mayor el sueño, mayor la critica. Albert Einstein dijo, "Los grandes espíritus siempre han enfrentado oposición violenta de la mentes mediocres".

Sam Walton dijo que su Regla #10 era nadar contra la corriente. Tomar el otro camino. Ignorar la sabiduría convencional. Estén preparados para que mucha gente les diga que están yendo por el camino equivocado". Realmente hay tres clases de críticos, aquellos que reaccionan de manera negativa a nuestros sueños y aspiraciones, los que están:

> "Los grandes espíritus siempre han enfrentado oposición violenta de las mentes mediocres."
> -Albert Einstein

1. Genuinamente preocupados por su bienestar
2. Por celos o envidia o
3. Por odio por la misma idea de lo que usted está tratando de lograr.

La clave del éxito en la vida es concentrarse en lo que se sabe que es correcto e ignorar lo negativo que aparece en el camino. Entre más alto quiera subir la escalera del éxito, más expuesto esta eltrasero a la muchedumbre. Espere ser golpeado por uno o dos tomates.

Para aquellos que tienen un interés real en su bienestar y tienen un interés sincero por usted, simplemente explíqueles su posición y

> "La clave del éxito de la vida es concentrarse en lo que se sabe que es correcto e ignorar lo negativo que aparece en el camino"

"La clave del éxito de la vida es concentrarse en lo que se sabe que es correcto e ignorar lo negativo que aparece en el camino" ayúdeles de la mejor manera posible a ver la "ardilla". Puede que la vean o no, pero si realmente son amigos, lo respaldarán aunque no estén de acuerdo con su opinión.

La segunda categoría de personas, aquellos que están celosos o inquietos con su éxito, serán abundantes. Sonría, ámelos donde quiera que estén en la vida y muerdase la lengua. Hay un dicho famoso que dice la gente quiere que los demás sean exitosos, pero no más que ellos. Existe otra analogía graciosa basado en un hecho biológico. Los cangrejos azules son totalmente capaces de salir de un balde de 5 galones. Coloque dos cangrejos juntos en un balde y no solamente se quedarán en el balde, sino que se quedarán allí hasta morir. Esto es porque un cangrejo halará del otro si intenta salirse y viceversa. De muchas maneras, vemos personas comportarse de esta manera al ver el éxito de los demás. Andy Stanley en su libro *Visioneering (Visionando)* dijo: "Cuando alguien se ve en el futuro mejorando su posición educativa o financiera, su visión es a veces confrontada por la crítica de las personas más cercanas. ¿Por qué? Porque aquellos que no tienen visión de su propia educación académica o libertad financiera se sienten amenazados por aquellos que han decidido actuar y hacer algo por sí mismos. Sus inseguridades sobre su propia falta de educación salen a flote o se ven forzados a ver su dolorosa situación financiera actual en comparacion a como podrían estar".

La última categoría de críticos realmente hace la vida interesante. Créalo o no, algunos están absolutamente opuestos a casi cualquier cosa que usted tenga en su vida. Si usted aboga por la libertad, hay aquellos que se la quieren quitar. Si usted cree hacer el saludo a su bandera, hay aquellos que la quieren quemar. La lista continúa indefinidamente. Aquí es cuando el éxito se convierte en una batalla, porque para crear cualquier cosa, adoptar una posición sobre cualquier asunto requiere de un cambio y ya mencionamos que a los únicos que les gustan los cambios son a los bebes... ¡los cambios de pañal... ¡Claro!

Los Críticos están Equivocados

La manera más simple de sobreponerse a los obstáculos es ver a los críticos como cobardes. Los críticos son espectadores. La crítica es el respiro de muerte de los incapaces. Mientras que los incultos dicen que algo no se puede lograr, hay unos pocos líderes con valentia que están ocupados haciéndolo. Ellos dijeron que si el hombre hubiese nacido para volar, Dios le habría dado alas y hoy en día los aviones son un modo de vida. Decían que los automóviles utilizaban una "combustión infernal" y que eran una cosa pasajera, pero hoy son indispensables en nuestra vida moderna. Dijeron que nunca habría un hombre en la luna y ¡se logró hace tres décadas y media! Usualmente cuando "ellos" dicen que algo no se puede realizar, un líder audaz en algún lugar está pensado precisamente en ello y en hacerlo realidad.

> *Mientras que los incultos dice que algo no se puede lograr, hay unos pocos líderes con coraje ocupados haciéndolo.*

F. A. Hayek dijo, "Nada es más seguro que la ignorancia de los expertos". Veamos a algunos de estos famosos críticos que estuvieron vergonzosamente equivocados, como se detalla en el libro Wrong (Equivocado) de Jane O'Boyle:

- "¡Hurra, chicos, los tenemos! Los acabaremos e iremos a casa a nuestra estación". – General George Custer, al ver un campamento de los indios Sioux cerca de Little Big Horn, en 1876.
- "La gente se cansará de los habladores. El hablar no es sustituto a la buena actuación que teníamos en las películas mudas" – Thomas Edison, 1925, sobre las películas con sonido.
- "¿Perforar para buscar petróleo? Usted quiere decir, ¿perforar el suelo para tratar de buscar petróleo? Usted esta loco." – Perforadores profesionales en 1859, cuando Edwin Drake intentó contratarlos para utilizar sus servicios.
- "El teléfono tiene muchas limitaciones para ser considerado seriamente como un medio de comunicación. El dispositivo como tal no tiene valor

para nosotros". – Memorando interno de Western Union, 1876.
- "Todo lo que pueda ser inventado ya ha sido inventado". – Charles Duell, Comisionado de la Oficina de Patentes de los Estados Unidos, 1899.
- "Creo que hay un mercado mundial para quizás cinco computadores". – Thomas Watson, Presidente de la Junta Directiva de IBM, 1943.
- "No existe razón para que alguien quiera un computador en su casa" – Ken Olsen, presidente, CEO y fundador de Digital Equipment, 1977.
- "Las acciones de bolsa han llegado a lo que parece una estabilización alta permanente". – Irving Fisher, Profesor de Economía de la Universidad de Yale, Octubre 17 de 1929.
- "El concepto es interesante y bien formado, pero para que logre más que una "C", la idea debe ser factible." – Un profesor de Negocios de la Universidad de Yale en 1966, sobre la tesis de Fred Smith de un servicio confiable de entrega de paquetes a la mañana siguiente. Smith luego fundó Federal Express.
- "El Internet colapsará en menos de un año". – Bob Metcalf, fundador de 3Com Corporation, 1995.

Construir el negocio de LIFE no ha sido nada diferente. Con cada paso, con cada innovación y avance, había aquellos que decían que no se podía hacer o que ya se había intentado o que no era legal o esto o lo otro. Kevin y Jackie Freiberg dijeron, "Siempre habrá quienes se acomodan en la seguridad de lo convencional, que le criticarán por osarse a vivir su vida de manera auténtica para poder justificarse a ellos mismos". "Estas son las mismas personas que están buscando que les den permiso mientras los demás estamos en busca de nuestros sueños". De acuerdo a Don Soderquist de Wal-Mart, "Como con todas las personas exitosas, [Abraham] Lincoln dijo, usted no subirá si trata de hundir a los demás, pero en nuestra sociedad, tendemos a hacer esto. Las grandes personas no pueden ser tan buenos, busquémosles algo malo en ellos."

Leemos las historias de Ray Kroc y vemos cómo se enfrentaba a obstáculos mientras hacía de McDonald's el gigante de las franquicias de hoy. Vemos como Sam Walton experimentó el mismo tipo de resistencia en la medida que cambió la forma de mercadeo que se hacía en los Estados Unidos. Lo que dijo Robert Slater de los ataques a WalMart, "No era labor de la prensa analizar si los asaltos sobre Wal-Mart eran motivados por individuos o grupos con intenciones hostiles hacia la compañía. Su trabajo era decidir si la historia merecía la pena ser impresa. El encontrar algo mal estaba destinado a resonar con la prensa. . . "

Citando a Maury Klein nuevamente, "Este proceso de "Destrucción Creativa" es la realidad esencial del capitalismo. En virtualmente cada ámbito de empeño o producción, la innovación trajo consigo algún tipo de obsolescencia".

Wal-Mart estaba perturbando a los almacenes de cadena que estaban cobrando mucho por sus productos. McDonald's estaba perturbando al restaurante local con mal servicio y altos precios. Y el negocio de LIFE, que existe en la intersección de cuatro industrias va en contra de todas las convenciones. Estábamos casi seguros de que a alguien no le gustaría. Tal vez, el fenómeno entero lo explica mejor Seth Godin en *The Purple Cow* (La Vaca Morada): "Si usted es una persona Excepcional, es posible que no le caiga bien a algunas personas. Eso es parte de la definición de ser excepcional. Nadie logra elogios unánimes, nunca. Lo mejor que pueda aspirar un tímido es pasar inadvertido. La critica llega a aquellos que se destacan."

> *"If you're remarkable, it's likely that some people won't like you. That's part of the definition of remarkable. Nobody gets unanimous praise, ever. The best the timid can hope for is to be unnoticed. Criticism comes to those who stand out."*
> -Seth Godin

Para tener éxito en los negocios se necesita habilidad para correr en su propia carrera. Nosotros lo denominamos, Sueño, Lucha, Victoria. Por alguna razón, generalmente va en ese orden. La puerta del éxito se balancea en las bisagras de la oposición. Cualquiera en el negocio de LIFE enfrentará algún tipo de resistencia en el camino a la victoria, pero esa es la naturaleza de la batalla. La resistencia es la sazón que hace dulce la victoria. Nada grandioso se ha logrado nunca sin lucha y el formar un negocio exitoso no será una excepción. Sin embargo valdrá la pena.

El crédito pertenece al hombre en el coliseo, cuya cara está llena de polvo, sudor y sangre...
-Teddy Roosevelt

Como dijo Teddy Roosevelt, el presidente más joven de los Estados Unidos, "El crédito pertenece al hombre en el coliseo, cuya cara está llena de polvo, sudor y sangre... quien se esfuerza valientemente... que sabe de los grandes entusiasmos, las grandes devociones, quien el mismose dedica a las causas dignas, quien en lo más alto conoce el triunfo al final de un gran logro y en lo más bajo, si falla, al menos falla mientras se atrevió en grande, para que su lugar nunca sea con aquellos de alma fría y tímida, que nunca han conocido ni la victoria, ni la derrota".

La Economía Invisible

El Dr. R. Buckminster Fuller, un hombre considerado como uno de los "futuristas" más acertados de nuestros tiempos, predijo en los comienzos de los 80s que pronto veríamos la muerte de la Era Industrial. Dijo que sería difícil para que la mayoría viera la llegada de la Era de la Informatica porque los cambios serían invisibles. Robert Kiyosaki lo llama la "Economía Invisible". Dice que estas industrias son "Negocios de la Era de la Información" porque son negocios invisibles. Ya que es un negocio invisible, es a veces difícil describir los beneficios de negocio a las personas que aun tienen mentalidad de la Era Industrial que aun intentan ver el negocio con sus ojos, en lugar que con sus cerebros". Noel Tichy, en *The Cycle of Leadership, (El Ciclo del Liderazgo)* dice, "Los intangibles han reemplazado los bienes físicos como los principales portadores de valor".

    El punto es que la Era Industrial se acabó y la Era Informatica esta aquí. Desafortunadamente, casi todo el mundo sigue estancado al pensamiento de la Era Industrial. Ellos creen que los títulos universitarios son la clave del éxito. Creen que los puestos de trabajo con salarios altos son el pasaje a un mejor estilos de vidas. Ellos piensan que "me va bastante bien" es suficiente, aunque "lo grandioso" está aún disponible. Piensan que el Seguro Social estará por siempre cuando se retiren y que los planes de ahorro 401k son inversiones seguras. Cuando piensan en negocios, piensan en edificios, empleados, inventarios y cosas que se puedan ver.

El negocio de LIFE deja que sus miembros operen desde la comodidad de sus hogares, trabajando de acuerdo a sus propios horarios y expandiéndose a donde quieran. El almacenamiento de productos, manejo, envío y entrega suceden todos en segundo plano y son invisibles para el miembro de LIFE. Debido en gran parte a esta invisibilidad, al principio es difícil que la gente entienda. Ellos ven con sus ojos, en lugar que con sus mentes. Porque el negocio de LIFE funciona solo de persona a persona, la gente piensa que es una "pirámide" o un juego de "inscripción" o algún negocio de venta de jabón que hicieron sus padres, porque allá en la Edad Industrial así funcionaban las cosas. El distribuidor de LIFE no tiene edificio o letrero con su nombre para mostrar a los suegros qué tan exitosos es, no tiene costos, muy pocos inventario, no tiene infraestructura, ni empleados. No parece un negocio cuando se analiza de acuerdo a la forma de pensar de la Era Industrial, pero demuestrado ser una idea de de negocios de las más progresivas, agresivas y explosivas una vez que se analiza con la forma de pensar de la Era Informatica. En su libro *Self Made in America (Hecho a Pulso en América)* el multimillonario y empresario John McCormack proporciona el siguiente consejo: "Métanse en negocios que no parezcan negocios". Exactamente.

Primero toma un *sueño* para que su objetivo sea una verdadero, luego una *lucha* para hacerlo digno del premio, seguido por una *victoria*, que hace que todo valga la pena. No se detiene una idea cuyo momento a llegado. No se puede parar en el camino del destino. En las palabras de un faraón de un clásico épico de la televisión, *Los Diez Mandamientos*, "Así está escrito y así será". ¡Es la Era Informatica ahora, le agrade o no y aunque los negocios son en gran parte invisibles, hasta los escépticos pueden ver los resultados!

11
Construyendo una Cultura
La Diferencia LIFE

En el capítulo 7 discutimos nuestra "estrategia maestra" la cual se denomina *apropiadamente Enfoque de Equipo de* LIFE. Tan trillado como pueda sonar, realmente creemos que Juntos Todos Logran Más. Sin embargo, hay mucho más en crear un equipo de negocio o comunidad exitosa que una estrategia maestra o productos que cambien vidas. Debe haber una cultura y ésta debe ser creada y a falta de una mejor palabra, cultivada. Creemos que nuestra cultura es un componente clave para construir el negocio de LIFE.

El primer componente clave para crear la cultura correcta son los líderes y el liderazgo que proporcionan. Citando a Bill George, "La labor del líder consiste enproporcionar un entorno habilitador que permite a los empleados servir a sus clientes y proporcionarles, la capacitación, educación y el apoyo que necesiten". Estos comentarios también son ciertos para el negocio de LIFE. Los entornos pueden tomar muchas formas y eventualmente toda organización termina con su propia cultura. La diferencia entre las organizaciones buenas y las grandiosas es cuanto de su cultura han creado, qué representa y cuanto dejan al azar.

Tom Peters, autor del exitoso libro de negocios, *A Passion for Excellence (Una Pasión por la Excelencia)*, hizo algunas observaciones de la Aerolínea Southwest que creemos aplican a la cultura de LIFE. Peters dijo, "Veo tres cosas: ser lo suficientemente loco para seguir una visón no ortodoxa, tener el suficiente coraje para permitir que las personas se diviertan y ser personas "genuinas" que aman y tienen cariño en el trabajo y ser lo suficientemente inteligentes para reconocer que su activo más valioso es su gente y la cultura que crean".

Visión, Misión, Propósito

La manera de LIFE de hacer las cosas o su "cultura" está llena de cosas, ambas grandes y pequeñas que hacen la diferencia. Comienza con la Visión, Misión y Propósito que hemos discutido antes en este libro. De ese marco, la toma de decisiones se hace más fácil. Las cosas o se alinean o no se alinean con nuestra Visión, Misión y Propósito. Lou Holtz el antiguo entrenador de fútbol americano del campeón Notre Dame dijo, "La mayoría de la personas tienen problemas para tomar decisiones. Pero las decisiones son fáciles de tomar si ustedes saben cuál es su propósito". Con una concentración clara sobre el propósito, LIFE les puede ayudar a mantenerse en curso. Una dirección consistente hacia adelante provee el primer paso a una cultura de negocio interesante ya que todos conocen a donde se dirige el barco y porque. Ellos aprenden donde se ubican en el panorama general. De ahí, es importante saber qué representa la organización y lo que LIFE significa es tan importante como lo que hace: "Divertirse, Hacer Dinero y Hace la Diferencia"

> *"La mayoría de la personas tienen problemas para tomar decisiones. Pero las decisiones son fáciles de tomar si ustedes saben cual es su propósito".*
> -Lou Holtz

Consejo Político

Otra diferencia de LIFE y el núcleo de su cultura es su consejo asesor que llamamos el Consejo Político.

Mientras muchos negocios y compañías operan de acuerdo al "culto a la personalidad" de algún líder de alto perfil , un equipo de líderes guía la dirección del sistema de entrenamiento de LIFE. Está compuesto por los más experimentados y exitosos miembros de LIFE. El Consejo Político recomienda nuestra dirección estratégica y asegura que nos mantengamos lealesfieles a nuestra Visión, Misión y Propósito. Encontramos que este modelo de poder compartido no es exclusivo de LIFE, claro, pero es un modelo seguido por muchas de las compañías más exitosas de nuestros tiempos.

Intel, la compañía líder del mundo en producción de microprocesadores, fue edificada y operada por veinticinco años por un triunvirato de tres líderes; Gordon Moore, Bob Noyce y Andy Grove. HewlettPackard fue construido sobre un período de treinta años por una sociedad cercana entre David Packard y Bill Hewlett. Bill Gates y Paul Allen, junto con Steve Ballmer, han coordinado sus talentos complementarios para hacer de Microsoft un coloso. La lista continúa e incluye a Michael Dell y Kevin Rollins de Dell Computer Corp.; Ray Kroc y Harry Sonneborn en McDonald's; John Whitehead y John Weinberg en Goldman Sachs; Roger Enrico y Steve Reinemund en PepsiCo y Robert Goizeuta y Don Keough en Coca-Cola.

Mientras los autores ayudaron a instigar la fundación del sistema de entrenamiento de LIFE, no somos, de ninguna manera, la única o más importante fuerza. Cada uno de los líderes que laboran en el Consejo Político, basados en su desempeño, son vitales. Contribuyen con sus perspectivas, habilidades de liderazgo, energía, experiencia y dirección en las normas y provisiones de LIFE. Además, Rob Hallstrand, COO, ha traído su dedicación incansable y experiencia administrativa a un entorno empresarial con profesionalismo y clase. Su personal con sede en Flint, Michigan, está compuesto de profesionales avezados y líderes militares, entre otras cualificaciones. Su contribución a la organización global y ejecución del sistema de LIFE es de primer clase. Como lo dijo muchas veces el fundador de McDonald's, Ray Kroc, "Ninguno de nosotros es tan bueno como todos nosotros".

Reconocimeinto y Celebración

Puede decirse que LIFE tiene una cultura que le enseña a la gente a jugar tanto como trabajar. De hecho, tenemos un programa completo denominado "Jugador de Poder", donde no sólo se reconoce a los mejores por serlo en su área de negocio, sino que los invitamos a participar como equipo en actividades de recreo. Hemos realizado viajes de canotaje en aguas rápidas con los Jugadores de Poder, corrido en karts y tenido fiestas de disfraces; hemos sido anfitriones de búsquedas de tesoros y picnics. Nos gusta el axioma, "El equipo que juega junto permanece junto" y cuando LIFE se relaja, es tiempo de divertirse. Siempre queremos reconocer y premiar los logros, pero al mismo tiempo nunca tomarnos tan en serio.

Esta actitud no es nueva en el mundo corporativo. David Novak, Presidente Ejecutivo de YUM! Brands, Inc., la compañía matriz de Pizza Hut, Taco Bell, KFC, Long John Silver's y A&W, entiende el poder del entretenimiento y del reconocimiento al logro. En *The Cycle of Leadership*, Noel Tichy dice de David Novak, Presidente ejecutivo de Yum! Brands, Inc. que incluye a Pizza Hut, Taco Bell, KFC y otros:

> "El crear energía en una fuerza de trabajo tan amplia y diversa que abarca desde jóvenes a abuelos le toma mucha energía de Novak y a sus colegas.
>
> Lo que para muchos puede ser cursi, para

Novak es esencial para el éxito de Yum! El aprovecha cualquier oportunidad para crear energía emocional positiva a través del reconocimiento, la diversión y la camaradería. Para los demás, los rituales y símbolos de cualquier institución se pueden ver tontos. Pero cuando son sinceros y atados a los valores de la organización, cumplen una necesidad humana profunda a estar unidos y revitalizados.

Novak es un creyente ferviente de la risa y las celebraciones divertidas de logros. Cuando era presidente de KFC, hacía gran cosa en dar el premio del "Pollo de Caucho" a los trabajadores excepcionales. Para los trabajadores estrella de Pizza Hut, su premio presidencial era el "Gran Queso" como los utilizados por los seguidores del equipo de los Green Bay Packers. Los de Taco Bell ganaban la "Orden Real del Pimiento". Hasta escogió el nombre de la compañía y el símbolo en la bolsa de Nueva York (YUM) a ser memorable y divertido. Y tiene un programa de desarrollo de liderazgo que llama, Edificando la Dinastía Yum.

El *Punto de Vista Enseñable* de David Novak sobre energía emocional es que cree que una "cultura de reconocimiento" es como se logra. "Sin embargo, la práctica de decir gracias y reconocer a las personas por su buen trabajo, no era necesariamente nueva para nosotros" dice, "la idea de identificar aquellas cosas como una manera de hacer crecer nuestro negocio era un poco diferente...Somos una compañía llena de premios, desde estrellas a caritas felices, de bumeranes a imanes a trofeos de cristal a tarjetas de CHAMPS. Y esto no es más sino una pequeña muestra de las cosas tangibles. También nos sobran las sonrisas, los aplausos, las hurras, manos arriba, los apretones de manos, los correos de voz, los correos electrónicos, las notas de gracias, las pancartas, los elogios y mucho más".

Tan frívolo como pueda sonar, Novak es sincero y su gente lo sabe y le encanta. Genera mucha energía emocional y personalmente guía a gerentes a hacer lo mismo".

David Novak y Yum! Brands, Inc., no están solos. En Su libro *The Wal-Mart Decade (La Década de WalMart)* Robert Slater describe la reunión anual de accionistas:

"Ninguna otra compañía del mundo hace un espectáculo tan impresionante para sus accionistas. Uno después del otro, los ejecutivos corren al escenario, llenos de adrenalina, agitando los puños, con sonrisas en sus caras. Gritando de aprobación, la multitud vierten sus corazones y almas en un evento que tiene todos los ingredientes de una reunión pre-partido o de una convención política.

Wal-Mart convierte su evento en una celebración de una semana, repleta con paseos en canoa, conciertos, fuegos artificiales, seminarios, visitas al centro de distribución de la compañía y no se nos olvide del porqué nos reunimos, una visita a la oficina central en Bentonville... siguiendo más con el deporte que con una reunión corporativa, los visitantes se colocan toda combinación posible de botones, pancartas y sombreros de la compañía. Los sombreros y pancartas rojas identifican una división de Wal-Mart y las verdes otra. Los verdes y rojos se aplauden y gritan sin cesar, pero ahorran los mayores gritos para el momento dorado cuando alguien en el escenario menciona el nombre de su división. Luego una sección del coliseo irrumpe y usted realmente siente como si alguien ha anotado la cesta ganadora del partido.

La audiencia de Wal-Mart – 'la Primera Dama', Helen Walton y sus cuatro hijos, ejecutivos, empleados comunes, la junta directiva y accionistas se reúnen en este día con un solo propósito en mente: celebrar. Cada año, viajan, algunos de ellos por miles de kilómetros, para tomar parte en este festival corporativo con el doble propósito de conocer más sobre el lugar donde trabajan y celebrar los logros del año."

Aunque nosotros no usamos los sombreros de queso (bueno, si, ¡algunos de nuestros compañeros de Wisconsin si!) o entregamos pollos de caucho (pues, estas ideas fueron ya realizadas), LIFE de igual forma celebra lo que es importante para la construcción apropiada del negocio de LIFE y resalta a aquellos equipos e individuos que están teniendo progresos y logros. Sí, nos divertimos mucho al realizarlo. Oh, y si usted se esmera en su desempeño y obtiene logros, nosotros lo encontraremos y se lo reconoceremos. ¿Por qué? Porque como ya lo han demostrado las grandes compañías, cuando una organización cree en la gente y le proporciona el reconocimiento y aprecio que merece, ello les ayuda a lograr la grandeza.

Reuniones y Asesoria

Como en los casos de Yum! Brands, Inc., y WalMart, discutidos arriba, una de las herramientas más efectivas de LIFE es su programa de reuniones nacionales diseñadas para enseñar, capacitar, informar, inspirar y para enfocar a los dueños de negocio. También, estos eventos se convierten en un formato para reconocimiento y celebrar los logros en la medida que las personas forman sus negocios. La asociación con personas de forma de pensar parecida en busca de objetivos similares es directamente beneficiosa, especialmente cuando se combina con el flujo de información de primera mano de personas que lograron obtener frutos y lograron éxito. Las reuniones proporcionan una perspectiva continua y efectiva para el aprendizaje y para edificar el negocio de LIFE. Estos eventos y otros son combinados con tutorías para proporcionar la guía necesaria para caminar a través de un campo minado. En años recientes el alcance y cantidad de sitios para cada tipo de evento se han extendido rápidamente, aumentando aun más su efectividad y alcance geográfico.

Jeff Immelt, el Presidente ejecutivo de GE y sucesor del legendario Jack Welch dijo, "Nosotros reclutamos, capacitamos, educamos, guiamos. Gastamos mucho tiempo desarrollando a la gente. Probablemente yo gaste el 40 por ciento de mi tiempo... seleccionando, guiando, decidiendo quién conseguía cuáles puestos. La gente es una gran parte."

Mientras que oímos las historias de los miembros de LIFE más exitosos, detacados en los materiales de capacitación y eventos, vemos un patrón consistente: la participación en las distintas reuniones disponibles para ellos fue uno de los factores claves en el éxito de sus negocios. Uno de los líderes exitosos, Tim Marks nos dijo recientemente: "Yo no estaba muy interesado en asistir a nuestro primer gran evento presentado por LIFE, pero dentro de las primeras dos horas del fin de semana nos dieron las bases para lo que necesitábamos para lograr nuestras metas financieras". La convicción y el entendimiento se logran al conocer los hechos de las personas que ya

> *Mientras que oímos las historias de los miembros más exitosos del Equipo, vemos un patrón consistente: la participación en las distintas reuniones disponibles para ellos fue uno de los factores claves en el éxito de sus negocios.*

las tienen. Es en estas reuniones que las personas descubren la verdad que los dueños de negocio gustan compartir: "Si ustedes supieran lo que sabemos, ustedes harían lo que hacemos".

La Competencia genera Cooperación

LIFE tiene varias competencias internas que ayudan a incentivar los productos de LIFE. Hemos encontrado que las personas se esfuerzan por el éxito individual, pero se detendrán para ayudar a que su equipo gane (¡piensen en los sombreros rojos de WalMart!). La recompensa individual se ve realzada al contribuir al éxito del equipo. También la competencia nos mantiene honestos y hace LIFE mucho mas interesante. Una cita favorita dice: "Los demás corredores en la carrera están ahí sólo para mantenernos honestos y garantizar que usted haga su mejor esfuerzo". Es el viejo adagio del hierro afilando hierro.

Materiales de Apoyo de LIFE
¡Diseñados para Ayudar a que su Negocio Prospere!

Como discutimos en el Capitulo 4, uno de los componentes clave a la aproximación de LIFE es el uso de la filosofía tipo franquicia para ayudar a las personas forjar sus negocios de LIFE. Recuerde, las franquicias (piensen en los miembros de LIFE) funcionan primordialmente porque todas las franquicias siguen el mismo sistema de formación de negocio y uno de los vehículos clave para conseguir este patrón duplicable es la gran serie de materiales de capacitación de LIFE disponibles para todos sus miembros.

Las personas pueden escoger no participar de ninguna forma del sistema proporcionado por LIFE. Nuestra experiencia nos ha enseñado que los objetivos y sueños de la gente será el mayor influyente para el uso de cualquier sistema de capacitación. Sin embargo, creemos firmemente en nuestra aproximación, sistema y estrategia maestra para ayudar a que la gente forme sus negocios de LIFE. ¡Como también los lideres de todo el continente!

LIFE ha creado un sistema de apoyo de negocio especialmente diseñado para que los miembros de LIFE se capaciten, en su mayor parte, durante sus horas inactivas; tales como escuchando CDs mientras viajan al trabajo, asistir a un seminario una vez al mes por pocas horas y unos pocos fines de semanas al año en un entorno de capacitación y celebración más intenso. Tal simplicidad y conveniencia, como la efectividad de la información misma, han hecho del sistema de capacitación de LIFE extremadamente popular para los miembros de LIFE a través del continente. Algunos miembros de LIFE comparten en las ganancias de las ventas de productos de entrenamiento de LIFE.

Una Comparación Ganadora

En nuestra opinión, otro gran factor que contribuye a la difusión del negocio de LIFE es la manera en que se compara el modelo de negocios de mercadeo relacional con los negocios convencionales. Es una opción de bajo riesgo, fácil aprender, abierta a todos no importando su situacio con un lado virtualmente positivo e ilimitado. Muy pocos modelos de negocio pueden hacer tales afirmaciones.

Mientras esta comparación puede expandirse in-

Negocio de Mercadeo Convencional	El Negocio de LIFE
Inventario grande	Inventario pequeño
Con empleados o tiempo extra	Sin empleados para el propietario
Necesita un local (propio o rentado)	No necesita local
Usualmente requiere grandes cantidades de inversión	Sin inversion de capital significativo

Negocio de Mercadeo Convencional	El Negocio de LIFE
Casi siempre requiere entrar en deuda bancaria	Sin deudas
Cartera estándar	No tiene cartera
No necesita capacitación	Necesita bastante capacitación
Se duplica solo si entra en franquicia Afiliado	Duplicación sistematizada
Ingresos limitados	Beneficios ilimitados
La complejidad aumenta con el tamaño	La complejidad no aumenta
Usualment no hay tutorías disponibles	Se proporcionan tutorías
Usted está solo	Asociaciones gana-gana exitosas
Confinado a un solo sitio	Geograficamente ilimitado
Dificil de expandir	Fácilmente expandible
Debe estar abierto en horas hábiles	Tiempo parcial, de acuerdo a su propio horario
Puede requerir de tiempo completo	Puede hacer diligencias mientras trabaja
Linea de producto limitado por expansión de espacio	Potencial ilimitado de producto
Dependiente en la economía	A prueba de la economía

definidamente, creemos que es claro el por qué a tanta gente le agrada las características de "Girar la llave" y los bajos riesgos involucrados.

Resultados

"No me cuenten de las dolores de parto, muéstrenme el bebé" dijo el humorista Jeanne Robertson. Nada habla como los resultados. No hay ningún empaque, exageracion o auto felicitación que pueda ocular la falta de resultados y por el contrario, ninguna cantidad de humildad o desprestigio de parte de otros puede minimizarlos. No existe éxito como el éxito real. El marcador no miente y no puede ignorarse. Todo lo que hemos hablado en este capítulo sobre la cultura es grandioso, pero si no trae beneficios entonces no vale la pena seguir en la discusión.

El negocio de LIFE ha experimentado un crecimiento fabuloso y no asumimos el mérito porque somos brillantes (pero siéntanse libres de discutirlo con nosotros). Sabemos que hemos sido bendecidos. Pero no podríamos terminar esta sección sin confirmar, solo un poquito, que el sistema de LIFE funciona para ayudar a sus miembros y que la gente crezca.

En nuestra experiencia, una de las medidas más precisas de la salud del negocio, es la cantidad de miembros de LIFE que asisten a nuestros seminarios. Esto es porque el volúmen de productos y niveles de mercadeo tienen un efecto promedio a través de una gran cantidad de participantes. Hay participantes con desempeño alto y otros bajo, pero vemos correlaciones consistentes entre los números vitales del negocio y la asistencia a los eventos. LIFE ha desarrollado algunos de las multitudes más grandes y también nuestros seminarios de entrenamiento con la mejor asistencia que se encontrar en cualquier parte del mundo.

* * *

Existen muchos matices al sistema de LIFE y el negocio de LIFE que pueden dar cuenta de su crecimiento y éxito. Los pocos escogidos para discutir en este capítulo fueron escogidos para captar un poco de la esencia del negocio de LIFE, el sistema de entrenamiento de LIFE y su cultura. Todos se juntan para formar lo que algunos han llamado la "fábrica del liderazgo" o "máquina del éxito" para impulsar a la gente hacia los sueños de su vida. Otros lo han llamado un vehiculo que se mueve hacia delante en el camino de la oportunidad de negocios. Pero como cualquier vehículo, para que sea útil, necesita de un conductor.

12
Una Bifurcación en el Camino
El Negocio Propio

Vamos a presumir que si ha leído hasta aquí, usted tiene algún nivel de interés en la membresía de LIFE. Lo felicitamos por seguir con nosotros a través de estas páginas ya que el éxito empieza con la información de la fuente correcta.

Cuando las personas comienzan un negocio, a veces reciben información de muchas fuentes mal informadas. Hay quienes piensan que saben todo en lo que se involucran sus amigos, algunos dan opiniones negativas y otros intentan crean dudas. Eventualmente aprendimos a ayudar a las personas clasificar estas inconsistencias colocándolas en tres categorías:

1. Casi sin excepción las personas no están viviendo el estilo de vida que desean y por lo tanto no tiene credibilidad cuando se trata de dar consejos financieros.
2. De todas formas, no tienen derechos adquiridos en ver que las personas tengan éxito.
3. No tienen nada mejor que ofrecer.

La belleza del negocio de LIFE recae en las respuestas a estos tres puntos.

Primero, cualquiera que escoja convertirse en un miembro de LIFE tendrá acceso a enseñar o recibir tutoría de personas que están viviendo el estilo de vida que representa el éxito financiero sólido de este proyecto.

Segundo, la misma naturaleza de esta industria, bien llevada, es ganar-ganar; su propia estructura es un sistema de recompensas atado directamente a la habilidad propia de ayudar a que los demás tengan éxito.

Tercero, creemos que no hay nada mejor que las personas puedan hacer con sus energías.

> Sabíamos que cumplir tales sueños no sería fácil, pero decidimos que no queríamos un éxito barato, estábamos dispuestos a ganárnoslo.

Fue aquello de las preguntas de "¿que tal si resulta?" que nos atrapó. ¿Qué tal si funciona? ¿Qué pasaría si pudiera salir de deudas y dejar nuestros trabajos a temprana edad? ¿Que pasaría si realmente pudiera hacer algunos ahorros? ¿Qué pasaría si pudiera aliviar las tensiones financieras de la vida? ¿Qué pasaría si pudiera lograr algo significativo? ¿Qué pasaría si pudiera ayudar a la gente? ¿Qué pasaría si pudiera crecer interiormente y aprender a ayudar a los demás a hacer lo mismo? ¿Qué pasaría si pudiera viajar? ¿Qué pasaría si pudiera dejar un legado?

Nosotros sabíamos que cumplir estos sueños no sería fácil, pero decidimos que no queríamos un éxito barato, estábamos dispuestos a ganárnoslo. Sabíamos que algún día estaríamos sentados alrededor de una fogata con nuestros nietos. Queríamos tener una historia que contar. Queríamos ser capaces de decir que nuestra vida contó para algo, que nos divertimos, ayudamos a la gente, peleamos nuestra batallas, ganamos dinero, vivimos algunas aventuras e hicimos la diferencia. ¡Queríamos decirles que cuando nació el negocio de LIFE, nosotros estábamos ahi! ¡Había una Revolución de Liderazgo y nosotros fuimos participes de eso!

Sabemos que LIFE no es para todos:
Algunas personas son ambiciosas y otras no.
Algunas personas están buscando y otras no.
Algunas son enseñables y y otras no. Y lamentablemente, algunas personas son honestas y otras no.
Todo recae en una elección personal.
Hay un ejercicio simple y flexible que puede aplicarse a cualquier decisión real que uno realice en su vida. Se llama "Usted Decide" y funciona así:

1. Haga un listado en el lado izquierdo de un trozo de papel, detallando cualquier manera que usted piensa que puede generar ingresos o activos en la vida.
2. Haga un listado arriba del papel con las siguientes preguntas relevantes para hacerse antes de invertir en una causa:

    a. ¿Qué es lo mejor que puede suceder si funciona?
    b. ¿Qué es lo peor que puede suceder si no funciona?
    c. ¿A que se parece la victoria?
    d. ¿Puedo costearlo?
    e. ¿Es algo que puede ser aprendido?
    f. ¿Cuándo dará dividendos?
    g. ¿A qué tengo que renunciar?
    h. ¿Cuál es el potencial a largo plazo?
    i. ¿Requiere de talentos particulares y si es así los poseo?
    j. ¿Se ve afectado por la economía?
    k. ¿Es legal, moral y honesto?
    l. ¿Puedo legarlo a mis hijos?
    m. ¿Se basa sólo en mis esfuerzos?
    n. ¿Está geográficamente restringido?
    o. ¿Puedo escoger con quien trabajo?

p. ¿Vale la pena?
q. ¿Los que tienen éxito son felices?
r. ¿Lo volvería a hacer?
s. ¿Quién determina su éxito?
t. ¿Puedo hacerlo?

3. Coloque una "X" en cada lugar que corresponde a una combinación que parezca positiva.
4. Determine cuál opción generó más "X" para saber la mejor opción.

Aquí hay un ejemplo:
Con pocas excepciones, este análisis resulta en una imagen clara que el negocio de LIFE es una iniciativa digna de considerarse para muchas, muchas personas.

	Lo mejor que pueda pasar	Lo peor que pueda pasar	Como luce la victoria	Lo puedo permitir	Cuando me va a pagar	Como lo puedo aprender	Que tengo que dejar	Cual es el potencial de tiempo largo	Que talentos o habilidades son necesarios	Esta afectada por la economía	Esta esto basado solamente en mis propios esfuerzos	Se lo puedo dejar a mis hijos	Es estimable	Puedo escoger con quien trabajar	Esta restringido geográficamente	Son todos los que obtienen éxito felices	Hace una diferencia	Lo harías de nuevo	Quien determina tu éxito	Lo puedo Hacer
BIENES RAÍCES	X					X		X												
MÁS UNIVERSIDAD					X															X
TIEMPO Y MEDIO													X							
INDUSTRIA DE COMIDA			X												X	X				
INDUSTRIA DE SERVICIOS	X										X									
PROFESIONAL		X									X									
FABRICANDO	X									X										
SEGUNDO TRABAJO				X																
ESPOSA AL TRABAJAR														X						
INVERTIR	X			X																
COMPRA NEGOCIO				X						X				X						
ARTISTA					X															
OTRO																				
LIFE TRAINING CON LIFE LEADERSHIP	X	X	X	X	X	X	X	X	X	X	X	X	X	X	X	X	X	X	X	X

Hay muchas cosas buenas que las personas puedan hacer. Hay pocas cosas "grandiosas" para hacer. Sólo puede haber "una mejor" cosa para hacer. Cada persona tiene su propio destino y camino a seguir en la vida. Para nosotros, cuando analizamos nuestras matrices personales, ¡nos provoca volver a inscribirnos a LIFE!

James Henri Poincare dijo: "Dudar de todo o creer en todo son dos soluciones igualmente convenientes, ambas se deshacen de la necesidad de reflexión". Con esto en mente, esperamos que esta pequeña técnica haya sido útil para usted y para que reflexione en las elecciones que usted enfrenta en su vida financiera. Esperamos además que estas páginas le hayan abierto los ojos a la posibilidad de un brillante futuro financiero.

Se decía que Sam Walton, al final de sus días se lamentaba de no estar presente para ver que WalMart se convertiría en la empresa más grande del mundo. Supuestamente, se quedaba despierto en la noche en su cama pensando sobre el potencial que quedaba de su increíble negocio. Estaba emocionado sobre los innumerables pueblos de Estados Unidos de al menos cinco mil personas, cada uno, objetivo primordial para un nuevo almacén de Wal-Mart.

Si Sam Walton se emocionaba sobre la cantidad de pueblos de cinco mil personas que estaban aun sin tocar, ¡nosotros en el negocio de LIFE nosotros estamos locos de emoción sobre cuántos "individuos" hay allá afuera! ¿Cuántas personas allá fuera alrededor del país están hartas de estar hartas? ¿Cuántos están buscando una mejor manera o alguna manera de salir del hoyo? ¿Cuántos habrán iguales a los que hemos encontrado hasta ahora? ¿Cuántos son como Henry David Thoreau y "viviendo vidas de desesperación silenciosa"? ¿Cuántos son ambiciosos, estan buscando, son enseñables y con integridad? Ahora pueden entender porque decíamos al comienzo del libro que apenas habíamos empezado.¡Hay mucho por hacer!

En el capítulo anterior terminamos diciendo que este era un gran vehiculo de crecimiento pero que necesitaba un conductor. Si usted escoge serlo, ¡le recomendamos abrocharse el cinturón! ¡Es un viaje increíble!

"Existe una ola en los asuntos de los hombres, que tomada en su cúspide, lleva a la fortuna...
En un mar lleno ahora estamos a flote, y debemos aprovechar la corriente cuando llega o perder nuestras oportunidad".
William Shakespeare, *Julius Caesar*

13
Visión para el Futuro
Corriente Principal

Hemos cubierto bastante en este libro y si no dijéramos más, esperanzadamente hemos proporcionado lo suficiente para que entiendan la magnitud y el potencial del negocio de LIFE y cómo su participación en él podría ser muy beneficiosa. Sin embargo, no los podemos dejar ir sin presentarle un poco de la visión para donde creemos que la industria ¡puede, debe y tiene que ir! ¡Esto no sucederá mañana, pero la cosecha esta madura y alguien la va a recoger!

Un millón de Personas

LIFE ha mantenido durante mucho tiempo la visión de que el sistema de entrenamiento de LIFE algún día va a sentar a más de 1 millón de personas en sus eventos de entrenamiento a nivel mundial a la misma vez! Este número también representa un logro nunca antes alcanzado por ningún sistema de entrenamiento en esta industria.

Tres Choques de Tren

Este libro ha intentado explicar nuestro emocionante ambiente de negocio y los derroteros que se unen para hacer que el negocio de LIFE sea una gran inversión en tiempo y dinero. Sin embargo, puede haber un método más fácil aún para explicar lo que hacemos.

Llamamos a este concepto el "choque de tres trenes". Lo que hemos visto es que la mayoría de las personas, se encaminan al menos a uno de tres posibles choques de tren en sus vidas.

La primera categoría en donde las personas pueden encaminarse al desastre es en su salud. Desafortunadamente, para mucha gente, vendrá el día en que se verán acostados en la mesa de exámenes de un médico, recibiendo malas noticias. Una vida entera llena de descuido, malos hábitos, mala dieta o lo que finalmente les haya caído encima. Si usted o alguien que ama ha experimentado tal momento, puede dar fe del temor que esto conlleva. Además, es muy poco lo que se puede hacer una vez que nuestros cuerpos se han deteriorado. Le pueden proporcionar medicinas u operar, pero en la gran mayoría de casos, las personas nunca serán lo mismo. Ya será muy tarde.

La segunda categoria en las cuales las personas pueden encaminarse hacia un choque de trenes es en sus finanzas. ¡Algunos de nuestros lectores pueden ya haber experimentado uno o dos en sus vidas! La cantidad de bancarrotas personales presentadas cada año es sorprendente. Las deudas con tarjetas de crédito y las maltrechas hipotecas son bastante comunes. Los ahorros inexistentes para demasiada gente. Y para completar, la economía está bastante endeble en el momento y aun ¡el gobierno de los Estados Unidos tiene problemas con su responsabilidad fiscal! Como genialmente lo dijo Ronald Reagan: "¡Una recesión es cuando su vecino pierde su trabajo, una depresión es cuando usted pierde el suyo!". Muchas personas tienen menos seguridad financiera de lo que les gustaría y penden de un hilo en si alguien los sigue empleando o no. El buen manejo del dinero y lo que se ha llamado la "inteligencia financiera" es poco común. Y aún para las personas que son avezados ahorradores y para manejar su dinero, el desastre aún les cae de vez en cuando, ¡eliminado los ahorros de los días lluviosos para cuando llega la inundación! Lo que necesita la mayoría de las personas es una oportunidad donde pueden buscar la legítima prosperidad basada en sus esfuerzos. Necesitan una verdadera libre empresa.

La tercera categoría en la que muchas personas ya han chocado o chocarán en el tren es en su sabiduría. La sabiduría se puede definir como la aplicación del principio correcto en el momento correcto. La sabiduría es aprender de la experiencia y claro, la mejor experiencia es la de otra persona. Esto ahorra tiempo y una aflicción del corazón. La sabiduría es la única manera de bajarse del choque de trenes del tiempo y/o de las relaciones. Constantemente nos asombra la cantidad de personas que no se hablan con su propia madre, padre, hermano, hermana, tía o tío. No existe nada tan doloroso y debilitante que un corazón roto, susceptibilidades rotas o un conflicto de pareja. Hay algunas personas que hemos visto que parecen estar en estado de batalla con la mayoría de personas en sus vidas. Esto es una condición infeliz e innecesaria. La sabiduría también significa entender el poder del equilibrio en su vida financiera. Hemos hablado mucho sobre este concepto en este libro. El equilibrar un sistema para que haga el trabajo por usted es una de las maneras más sabias de inyectarle esfuerzo a algo.

Nosotros el negocio de LIFE nos especializamos en proporcionar soluciones a gente que experimenta o experimentará un choque de trenes en estas tres áreas críticas de su vida. Proporcionando información de primer clase y la capacitacion, tutoria y ejemplo, junto con una comunidad en un entorno productivo, lagente puede tener las respuestas, orientación y apoyo para alcanzar cambios perdurables para mejorar. Al proporcionar a las personas una oportunidad financiera de primera clase podemos ayudarles a que tengan una fuente de ingresos secundarios y hasta primarios para aliviar las tensiones financieras y prevenir la ruina económica. Finalmente, al proporcionar un sistema de capacitación que desarrolla sabiduría en los artes de las relaciones personales, desarrollo comunitario y creando equipos, las personas no solo aprenderán a "pensar en abundancia" sobre sus finanzas y la creación de un negocio, sino acrecentarán su inteligencia emocional y relacional. Esto conlleva a relaciones más fuertes y saludables y la paz y felicidad que resultan de los profundos y duraderos vínculos con las personas.

Sabemos que sin importar con quien hablemos en el mundo, ellos probablemente estarán encaminados hacia al menos uno de estos posibles choques de tren. Lo que nos hace tan apasionados sobre diseminar este gran concepto del negocio de LIFE por el mundo es que hemos visto de primera mano el poder que LIFE tiene en el cambio y mejoramiento de vidas. Vean como alguien se suelta solo de las ataduras financieras y se regocijarán. Y experimenten el beneficio de primera mano de mejores relaciones y el poder de una comunidad de personas, toda alineadas con un propósito común y usted entenderá que en tal armonía es como fuimos creados para coexistir.

¿Suena todo esto muy idealista? Esperamos que si, porque nunca queremos que los retos y las luchas de la vida nos hastíen. Nos aferraremos firmemente a la creencia que ayudar a que los demás prosperen, crezcan y que tengan una mejor vidaes una causa que vale la pena a la cual le continuaremos dedicando tiempo, energía y amor. Amamos lo que hacemos con el negocio de LIFE porque entendemos justamente qué tan mal pueden ser estos choques de tren para la vida de una persona ¡y estamos comprometidos a hacer la diferencia para ayuda a que las personas las eviten!

Un cuento de Tres Industrias

Aunque cada uno de sus orígenes puede rastrearse hacia principios de 1900, hay tres industrias que nacieron oficialmente en el boom económico de la segunda postguerra mundial.

Una de estas industrias es lo que denominaremos descuento de mercadeo de masas de la cual ya hemos hablado mucho en este libro. El descuento de mercadeo de masas, el cual ahora se le conoce más como "Almacenes de Bodega", fueron impulsados por Sam Walton de Wal-Mart. No solo el concepto de Walton se convirtió en la "corriente principal" sino que después de miles de millones de dólares de ingresos, se le puede llamar con justicia, la corriente! Agregue a esto, otras compañías que compiten y aquellas construidas sobre el mismo principio, tales como Target, Costco, Best Buy y muchos otros. Uno comprende la idea de la enormidad de este segmento en nuestra economía mundial.

La segunda de estas tres industrias también ha recibido mucho cubrimiento en las páginas de este libro. Finalmente Ray Kroc, el fundador de McDonald's sacó a las franquicias de las épocas oscuras. Sus esfuerzos fueron tan exitosos y tan exitosamente duplicados, que cualquier viajero mundial puede dar fe a la capacidad de bajarse de un avión en cualquier parte del mundo y encontrar cerca una franquicia de comidas rápidas. ¡Ha llegado al punto que casi lo esperamos!

La tercera industria, la cual probablemente ya usted ha adivinado, es la que nosotros denominamos Comercio a través de la Comunidad. También se ha llamado mercadeo de persona a persona y mercadeo relacional. Aunque nació aproximadamente al mismo tiempo que las otras dos industrias y ha crecido a tasas relativamente comparables en su historia temprana, sucedió algo que previno su ascenso a la "corriente principal". Las razones de ellos no son el tema de este libro, sin embargo, el hecho permanece: ¡El negocio de redes estuvo en camino a ser tan grande y dominante como los almacenes de bodega y las franquicias! ¡Nosotros creemos que no existe razón por la cual no pueda convertirse en la corriente principal! Todo lo que se requiere es un producto con un entusiasmo de cliente masivo, un plan de compensación que realmente permita que las personas prosperen através de su arduo trabajo y una corporación que entienda que tratar a sus distribuidores con el más alto respeto es la clave del crecimiento y fortaleza continua en el mercado.

Todas estas cosas fructifican con el negocio de LIFE, el cual, curiosamente, no es meramente la creación de redes en absoluto. A fin de llevar el concepto al publico, nuestro concepto en realidad toma la intersección entre cuatro industrias y las pone a todas juntas, tomando lo mejor de cada una y dejando lo que no funciona, como hemos explicado en el Capítulo 2. La mejor manera de presentar el concepto de ser propietario de negocios, la comercialización de referencia de persona a persona y la construcción de comunidades, es la creación de toda una nueva industria. Esto es exactamente lo que el negocio de LIFE está haciendo actualmente.

Es el poder de una idea cuyo tiempo ha llegado, en realidad, es una idea cuyo tiempo esta de treinta años de retraso en el que debería haber sido ya! Hay un vacío de treinta años que debe ser llenado. Allí hay gran cantidad de ingresos, mucho éxito y un gran crecimiento que debe suceder rápidamente para llenar ese vacío. En efecto, la nueva industria creada por el negocio de LIFE se va hacer masivo!

¿Por qué no debería ser LIFE tan común como una tarjeta Visa, (solamente mucho más valiosa en las vidas de las personas)? ¿Por qué no pudieran beneficiarse millones de personas del increíble plan de compensación de LIFE? No hay nada bloqueando que estas visiones se conviertan en realidad. Todo lo que se necesita son líderes y participantes para ayudar a que así sea. Y aqui, querido lector, es donde radica la verdadera oportunidad. Bienvenido a la vida que siempre has querido!

Como dijo Víctor Hugo: "Se puede resistir una invasión de ejércitos, pero no una idea cuyo tiempo ha llegado". Bienvenido!

Estudio Adicional

Por favor visítenos al www.life-training-home.com para videos gratis, audios y un calendario de eventos.

Para más información acerca de LIFE Leadership, membrecia, o la subscripcion a LIFE, por favor Visitenos al www.the-life-leadership.com

Para información acerca de los productos y la membrecia, visite _____,
La página cibernetica de la persona que le entregó este libro.

Una copia de Declaración de Bonificaciones de la empresa de LIFE esta disponible. visitenos al www.life-leadership-home.com

Fuentes

Collins, Jim. Good to Great: *Why Some Companies Make the Leap . . . and Others Don't.* New York: Harper Business, 2001.

De Blasi, Marlena. *That Summer in Sicily: A Love Story.* New York: Ballantine Books, The Random House Publishing Group, 2008.

DeGeorge, Gail. *The Making of a Blockbuster.* John Wiley & Sons, Inc., 1996.

Dell, Michael. *Direct from Dell.* New York: Harper Business, 1999.

Dell, Michael. *Building a Competitive Advantage in an Internet Economy.* Speech delivered at the Detroit Economic Club Luncheon, Detroit, MI. November 1, 1999.

Eldredge, John. *Wild at Heart,* Discovering the Secret of a Man's Soul. Nashville: Thomas Nelson, Inc., 2001

Freiberg, Kevin and Jackie. *Nuts! Southwest Airline's Crazy Recipe for Business and Personal Success.* New York: Broadway Books, 1996.

Getty, Paul, J. *How To Be Rich.* Chicago: Playboy Press, 1961.

George, Bill. *Authentic Leadership: Rediscovering the Secrets to Creating Lasting Value.* San Francisco: Jossey-Bass, 2003.

Gerber, Michael E. *The E Myth Revisited*. New York: Harper Collins, 1995.

Godin, Seth. *The Purple Cow: Transform Your Business By Being Remarkable*. New York: Penguin, 2002.

Griffith, Joe. *Speaker's Library of Business Stories, Anecdotes and Humor*. New Jersey: Prentice Hall, 1990.

Hales, Dianne. *La Bella Lingua: My Love Affair With Italian, The World's Most Enchanting Language*. New York: Broadway Books, Crown Publishing Group, 2009.

Hedges, Burke. *Dream-Biz.com: Design Your Future and Live Your Dreams in the e-Economy!* Tampa: INTI Publishing, 1999.

Hedges, Burke. *The Parable of the Pipeline: How Anyone Can Build A Pipeline of Ongoing Residual Income In The New Economy*. Tampa: INTI Publishing, 2001.

Holy Bible: *New King James Version*. New York: Thomas Nelson Publishers Inc., 1979.

Kiyosaki, Robert T. *Rich Dad's Prophecy*. New York: Warner Books, 2002.

Kiyosaki, Robert T. *The CASHFLOW Quadrant®: Rich Dad's Guide to Financial Freedom*. New York: Warner Books, 1998.

Klein, Maury. *The Change Makers: From Carnegie to Gates, How the GREAT ENTREPRENUERS Transformed Ideas into Industries*. New York: Times Books, 2003.

Love, John F. *McDonald's: Behind the Arches.* New York: Bantam Books, 1986.

Luecke, Richard. *Scuttle Your Ships Before Advancing, And Other Lessons from History on Leadership and Change for Today's Managers.* New York: Oxford University Press, 1994.

Maxwell, John C. *The 21 Irrefutable Laws of Leadership: Follow Them and People Will Follow You.* Nashville: Nelson, 1998.

Maxwell, John C. *Thinking For a Change.* New York: Warner Business Books, 2003.

McCormack, John. *Self-Made In America.* New York: Addison Wesley, 1990.

O' Boyle, Jane. *Wrong! The Biggest Mistakes and Miscalculations Ever Made by People Who Should Have Known Better.* New York: Penguin Group, 1999.

Perot, Ross. *My Life & The Principles For Success.* Arlington: Summit, 1996.

Pilzer, Paul Zane. *The Next Millionaires.* Texas: Momentom Media, 2006.

Slater, Robert. *The Wal-Mart Decade, How a New Generation of Leaders Turned Sam Walton's Legacy into the World's #1 Company.* New York: Penguin Group, 2003.

Stanley, Andy. *Visioneering, God's blueprint for developing and maintaining personal vision.* Sisters: Multnomah Publishers, Inc., 1999.

Tichy, Noel M. *The Cycle of Leadership.* New York: HarperCollins, 2002.

Tracy, Brian. *Eat That Frog.* San Francisco: Berreti-Koehler Publishers, Inc., 2002.

Walton, Sam and Huey, John. Sam Walton: *Made in America, My Story.* New York: Doubleday, 1992.